H. GELIN

Extrait des *Mémoires* de la Société de statistique,
lettres et arts des Deux-Sèvres.

SAINT-MAIXENT

IMPRIMERIE CH. REVERSÉ

1887

ÉTUDE

SUR LA

FORMATION DE LA VALLÉE

DE

LA SÈVRE NIORTAISE

PAR

H. GELIN.

———

Extrait des *Mémoires* de la Société de statistique, sciences,
lettres et arts des Deux-Sèvres.

———

SAINT-MAIXENT
IMPRIMERIE CH. REVERSÉ
1887

La vallée de la Sèvre Niortaise présente trois aspects différents, selon qu'on la considère dans son cours supérieur, jusqu'à Saint-Maixent, — dans son cours moyen, de Saint-Maixent à Niort, — dans son cours inférieur, de Niort à la mer.

Dans le cours supérieur, le bassin renferme successivement deux dépressions : l'une irrégulière, assez élargie, et dont les bords vont en convergeant du plateau de Saint-Sauvant et Rouillé vers la Mothe-Saint-Héray; l'autre allongée en forme de barque, lit d'un ancien lac, allant de la Mothe-Saint-Héray jusqu'à Saint-Maixent.

Dans le cours moyen, la rivière est encaissée au fond d'une vallée le plus souvent très étroite, et nettement définie.

Enfin, dans le cours inférieur, la vallée s'accuse à peine; elle s'élargit dans un vaste estuaire abandonné par les eaux de la mer; et le lit, si tant est qu'il demeure reconnaissable au milieu des innombrables canaux qui l'accompagnent, serpente à la surface d'une épaisse alluvion presque horizontale.

Nous allons étudier successivement ces trois parties de la vallée de la Sèvre, et essayer de remonter jusqu'à leurs origines.

I.

Vallée supérieure : de la source à Saint-Maixent.

Lorsque, de la hauteur qui domine la station de Pamproux, à l'altitude de cent cinquante mètres, on tourne ses regards vers le sud, on découvre un paysage étendu et varié, formé d'une dépression couronnée de hauteurs. Le sol, brusquement infléchi au niveau du bourg, se maintient à de faibles altitudes autour du mamelon argileux de Blot, puis se relève par une série d'ondulations sur le territoire de Bougon, Exoudun, Chenay. Au loin, tout à l'horizon, court une longue terrasse qui domine Chey, Exoudun, la Mothe, et se dirige d'une part vers Lezay, d'autre part vers Saint-Maixent. Le fond de la dépression s'incline doucement de l'est à l'ouest, et les eaux souterraines ou superficielles du bassin se déversent naturellement selon cette direction. Ce sont, pour la plus forte part, ces eaux qui forment l'origine de la Sèvre Niortaise.

L'étude de la constitution géologique du terrain et des causes qui en ont modelé le relief permet de se rendre aisément compte de son système hydrologique. Tout d'abord il importe de ne pas perdre de vue que, dans cette région, des formations jurassiques allant du lias moyen aux limites extrêmes de l'étage oxfordien, se sont déposées au-dessus du terrain primitif en conservant entre elles une *stratification sensiblement concordante*. Cette concordance des dépôts stratifiés fournit la preuve que le sol primitif n'a pas subi durant leur formation d'oscillations brusques capables de le disloquer.

Ce n'est qu'à la fin de la période jurassique, après que le fond du détroit voisin par où s'établissait la communication entre la *mer pyrénéenne* et la *mer anglo-parisienne* eût complètement émergé, c'est-à-dire pendant la formation crétacée et les âges postérieurs, que des mouvements importants se sont produits, amenant, avec la rupture de la base granitique, des dislocations parmi les roches stratifiées sus-jacentes.

Ces dislocations peuvent provenir de deux causes, soit de l'affaissement du sol dans une région, soit de son relèvement dans la région contiguë. Le résultat est identique dans les deux cas : lorsque la puissance d'élasticité de la roche est dépassée, celle-ci se brise en un point intermédiaire, et il se produit des failles et des dénivellations.

Ce sont en général ces dislocations partielles, ces effondrements locaux, qui déterminent en chaque point particulier du lit d'une rivière les causes pour lesquelles cette rivière a élu son cours à cet endroit.

Lorsqu'on descend du massif granitique de la Gâtine vers la mer on voit affleurer successivement la série des étages 7, 8, 9, 10, 11, 12, 13 et 14 (1) de la classification de d'Orbigny. La ligne de pente que suivraient naturellement les eaux sur ces couches non disloquées serait assez sensiblement perpendiculaire aux zônes concentriques formées par les affleurements de ces divers terrains, et se dirigerait vers le sud-ouest.

L'étude des dislocations locales nous montrera pourquoi il n'en a pas toujours été ainsi.

Ces diverses considérations appliquées à la première portion du bassin de la Sèvre conduisent à remarquer :

1° Qu'un rameau, ou plus exactement une crête allongée se détache du massif granitique de la Gâtine par Menigoute et Sanxay, fait quelques rares apparitions dans la Vienne (2) et va rejoindre les terrains primitifs du Limouzin.

2° Qu'un second rameau, détaché plus à l'ouest, donne

(1) L'emploi de ces chiffres pour la désignation des couches est généralement abandonné aujourd'hui, par suite du fractionnement de la plupart des étages créés par d'Orbigny, ils ne sont employés ici que pour la commodité des explications, parce qu'ils rendent immédiatement saisissable l'ordre de succession et de superposition des terrains.

(2) Près de Ligugé et près de Champagné-Saint-Hilaire.

lieu, dans la direction de Saint-Maixent à Melle, à diverses apparitions de gneiss et de schistes, notamment dans le lit même de la Sèvre entre Saint-Maixent et Sainte-Néomaye, à la Pierre-au-Diable, Château-Tison et Douault (commune de Souvigné), à Bois-Guérin et Chambrille (commune de la Mothe), enfin à Saint-Thibault (commune de l'Enclave) où se montre le granit lui-même.

Dans l'origine les couches jurassiques que portaient ces deux rameaux formaient nécessairement une nappe continue et de niveau uniforme avec les couches de même date de l'espace intermédiaire. Aujourd'hui cette continuité n'existe plus : au fond de la vaste cuvette que vous apercevez des hauteurs de Pamproux, le lias et l'oolithe inférieure sont descendus de près de cent mètres; les calcaires calloviens et les argiles oxfordiennes qui les y recouvrent d'une épaisse couche apparaissent au-dessous de vos pieds, dans la vallée. C'est qu'un effondrement s'est produit dans l'intervalle des deux collines. Les failles principales qui limitent cet affaissement ont laissé comme témoin une de leurs lèvres demeurée en place au niveau primitif (cent cinquante mètres). Ce sont ces lèvres extérieures des failles que forment les deux terrasses opposées, celle qui porte la station de Pamproux, d'une part, et celle qui limite la dépression au sud-ouest. Les deux collines se prolongent vers le sud ; mais en un point intermédiaire, dans la direction de la Forêt (Chey), Teillé (Lezay), Vançais, Saint-Sauvant, elles sont reliées entre elles par une sorte de croupe de cent trente à cent quarante mètres d'altitude, qui sépare le bassin de la Sèvre de celui de la Dive (1).

La base de ces deux terrasses porte partout des traces

(1) Cette croupe est formée d'un calcaire argileux grisâtre, schistoïde, non fossilifère, qui m'a paru, par sa situation, établir le passage du callovien à l'oxfordien. A Vançais, au-dessous de trois à quatre mètres de ce calcaire gris apparaissent des bancs de couleur blanche, à pâte fine, où je n'ai pas rencontré de fossiles, mais qui offrent la plus grande analogie avec les assises calloviennes que l'on rencontre entre Saint-Sauvant et Rouillé.

de la dénivellation qui les a mises en évidence. A Pamproux, on peut voir les assises calloviennes dominer la station, apparaître dans les carrières à mi-côte, puis à la Roche-Ruffin, tout au fond de la vallée; près de Chey, à la Montée Rouge, le bathonien et le callovien plongent ensemble, du haut de la colline, sous les argiles oxfordiennes de la plaine inférieure; d'autres fois la dénivellation a été si brusque que le 13ᵉ étage (oxfordien) se trouve accoté au 11ᵉ (bathonien), et même au 10ᵉ (bajocien) à la base des coteaux.

Le terrain et ses mouvements principaux étant maintenant connus, il reste à décrire par le détail les trois ruisseaux qui le drainent, à savoir : la Sèvre proprement dite, le ruisseau de Bougon et celui de Pamproux.

La Sèvre. — La Sèvre ne sort pas des flancs mêmes des terrasses qui ceignent la première dépression de son bassin. Cela tient à ce que la colline sud-ouest est à son tour dominée par un plateau de cent quatre-vingts mètres d'altitude, qui porte Goux, Prailles, Vitré, Beaussais, et déverse ses eaux dans plusieurs directions. Au sud il envoie la Belle et la Béronne, affluents de la Boutonne; à l'ouest, le Lambon et le ruisseau de l'Hermitain, affluents de la Sèvre; au nord, le ruisseau de Chambrille; à l'est, le ruisseau de Font-Blanche, et enfin la Sèvre proprement dite.

Cette dernière prend sa source à Font-Bedoire, commune de Sepvret. Elle sort de fissures des bancs inférieurs du bajocien, immédiatement au-dessus des argiles toarciennes qu'elle creuse bientôt grâce à la pente rapide de son lit. Elle pénètre dans le lias moyen, non loin du Plessis-Sénéchal. Une faille qui relève les argiles bleues ajoute à ses eaux celles d'une autre fontaine, d'importance à peu près égale, appelée Font-Chaudron : puis le ruisselet, dont le débit est d'environ cinq cents litres, franchit les bords de la terrasse par une échancrure assez étroite, et coule dans la plaine de Chey. En traversant les couches dénivelées en amont puis en aval de Chey, les eaux s'infiltrent peu à peu dans les assises inférieures; c'est bientôt un simple fossé qu'un enfant franchit d'une enjambée, et qui, l'été, n'a plus d'eau au-delà du barrage de retenue du petit moulin de Brieuil. Un sort pareil afflige le ruisseau de Font-Blanche, dont les origines sont identiques, et qui, l'hiver, vient confluer à cet endroit. Pendant toute la saison sèche le lit reste à sec, de là jusqu'à Bagnaux, et n'est même plus reconnaissable au milieu des enclos qui occupent le fond de la vallée. A Bagnaux (commune d'Exoudun), l'apparition de l'étage bathonien dans le lit ramène à la surface une portion des eaux disparues, et maintient, à partir de ce point, un courant constant.

Il est à remarquer que, dans cette région, l'étage bathonien ou grande oolithe demeure complètement et constamment saturé par les eaux d'infiltration, et que c'est de sa surface qu'émergent nombre de sources pérennes, celles de Bagnaux, Pamproux, Bougon, etc.

Cependant une dernière portion des eaux disparues ne reparaît qu'à Exoudun, où un repli du lias vient forcer les eaux souterraines à *jaillir* au milieu même du ruisseau à l'endroit dit, pour cette raison, Fontaine Bouillonnante.

D'Exoudun à la Mothe-Saint-Héray, la Sèvre s'est frayée, à la faveur d'une faille, une voie d'écoulement à travers l'oolithe inférieure et la grande oolithe, et son lit repose sur les couches toarciennes supérieures, ou sur les *bancs bleus* qui forment la base de l'oolithe.

Ruisseau de Bougon. — Nous avons déjà signalé la source de ce ruisseau comme originaire du contact des étages bathonien et callovien. Elle émerge à peu de distance des tombelles robenhausiennes si connues de tous ceux qui ont étudié la préhistoire de nos régions. Ses eaux se perdent, l'été, après un court trajet, au milieu des fissures du callovien qui reparaît bientôt dans son lit; l'hiver, elles vont rejoindre à Salles celles du Pamproux.

Ce ruisseau contourne un relèvement du bathonien qui

forme le plateau triangulaire compris entre Bougon, Exoudun et la Mothe, plateau séparant les deux dépressions du bassin supérieur de la Sèvre et dont la présence a forcé les eaux de la Sèvre et du Pamproux à se frayer d'étroits couloirs de sortie pour arriver de la première à la seconde dépression.

Le ruisseau de Bougon ne mériterait pas d'être signalé s'il n'était la continuation à la surface d'un drainage souterrain de la région comprise entre Saint-Sauvant, Avon et Loubigné d'Exoudun.

L'examen d'une carte de l'état-major fera peut-être mieux saisir que la vue même de ces lieux un rayonnement de vallées peu profondes, creusées dans les argiles oxfordiennes, et qui convergent vers Pied-Morin et la prairie de Bougon. L'hiver, après des pluies prolongées, et quelquefois même l'été, à la suite de très fortes averses que le sous-sol ne peut absorber entièrement, toutes ces vallées sont, pour quelques heures ou quelques jours, converties en torrents. Le sol des vallées est profondément raviné par les eaux pluviales qui ont ruisselé le long des pentes imperméables, et vont alors rejoindre superficiellement les eaux de la fontaine. Or ce ravinement atteint partout les couches calloviennes, et en temps ordinaire les eaux pénètrent, à la faveur de fissures nombreuses, jusqu'à la nappe d'infiltration qui noie le bathonien ; puis elles réapparaissent à la fontaine de Bougon, ou même à celle de Fontgrives, près de Salles.

Ruisseau de Pamproux. — Les eaux de ce ruisseau proviennent, pour la plus forte partie, du plateau compris entre la Villedé, Saint-Germier et Soudan. Arrêtées dans leur pente vers le sud par la faille qui limite ce plateau, elles émergent par les belles sources de Chabannes, Saint-Martin-de-Pamproux, la Grand'Fontaine et Pouillet. Le lit du ruisseau accompagne la faille dans la direction de Salles, puis il se fraye une issue vers la Villedieu-de-Comblé, au milieu d'une fissure profonde qu'il a élargie en vallée et qui traverse les mêmes couches que la Sèvre entre Exoudun et la Mothe-Saint-Héray.

En hiver, le ruisseau de Pamproux reçoit les eaux d'une vallée ordinairement sèche, dite du Merzereau, qui draine l'oxfordien entre Chauday, Parandeau et la Roche-Ruffin, et qui offre dans sa constitution l'analogie la plus complète avec celles des torrents accidentels de Bougon. Un peu en amont du confluent de cette vallée, au pied d'un escarpement callovien, on voit la grotte de la Roche-Ruffin, curiosité naturelle bien digne d'attirer l'attention. Au fond de l'excavation apparaît une nappe d'eau. Une fissure, que l'on constate facilement au plafond de la grotte, et que l'action des eaux aura lentement élargie, est vraisemblablement l'origine de cette excavation. Il n'y a point de courant bien marqué; l'eau qui noie le bathonien monte ou descend suivant la saison; au moment des crues, elle se déverse abondamment par la vallée et va rejoindre à peu de distance le ruisseau alimenté par les fontaines de Pamproux.

Le phénomène qui s'accomplit dans cette grotte confirme l'opinion déjà émise d'après laquelle le bathonien, dénivelé dans le bassin de Pamproux-Bougon-Bagnault, demeure constamment saturé d'eau dans toute son épaisseur.

Les ruisseaux de Font-Bedoire, de Bougon et de Pamproux contribuent d'une façon très inégale à la formation de la Sèvre. Ainsi le premier donne cent cinquante litres l'été, cinq cents l'hiver; la fontaine de Bagnault donne six cents litres l'été; avec les eaux qu'elle reçoit d'amont, elle fournit en hiver dix-huit cents litres; la fontaine d'Exoudun porte ce chiffre à deux mille litres en été et sept mille en hiver. Le ruisseau de Pamproux, à lui seul, débite deux mille six cents litres en été et huit mille litres en hiver.

Ces chiffres étant donnés simplement pour préciser l'importance relative des premiers éléments constitutifs de la Sèvre Niortaise, nous allons aborder l'étude de la seconde dépression qui s'étend de la Mothe-Saint-Héray jusqu'à Saint-Maixent.

Nous avons caractérisé la dépression de la Mothe à Saint-Maixent, en disant que sa forme générale est celle d'une barque allongée. Elle n'est, en somme, que la continuation de la première, plus resserrée et plus nettement délimitée. Le fond a une moindre altitude, mais les bords presque parallèles qui la dominent au nord-est et au sud-ouest ne sont que le prolongement des terrasses de failles constatées autour de la dépression précédente. Des deux côtés le terrain primitif apparaît sous forme de gneiss ou de micaschistes : au sud, à Chambrillé, Bois-Guérin, Château-Tison; au nord, dans les vallées de Magnerolles, du Puy-d'Enfer et d'Exireuil. Le lias, l'oolithe inférieure, le bathonien, le callovien et l'oxfordien apparaissent dénivelés tout autour du bassin et sur son fond. A la Villedieu, dans la tranchée de la gare et aux environs, se montrent côte à côte et affectant le même niveau, le bajocien, quelques lambeaux du bathonien et du callovien, et enfin les argiles d'Oxford, le tout plongeant vers le sud. A la Mothe, le callovien gît au fond de la vallée, à la fontaine Bernière. A Château-Tison le lias moyen apparaît au sommet des côteaux, dans la direction de Fonfréroux, au-dessus des micaschistes, et le fond de la vallée, du côté de la Mothe, renferme des lambeaux d'argiles oxfordiennes. A la Cueille-Poitevine, le plateau montre dans des carrières le bajocien et le bathonien en strates horizontales, puis une cassure incline le lias moyen, le lias supérieur et l'oolithe suivant la pente du côteau; enfin à Palu, à Béchereau, dans le fond du bassin, apparaissent le callovien et l'oxfordien. La dénivellation, avec des différences motivées par des accidents locaux, se manifeste ainsi sur toute l'étendue du bord interne des deux failles. Celles-ci se rejoignent à Saint-Maixent, pour se continuer par une fente allant vers Sainte-Néomaye à travers le lias et les schistes mis à nu dans la vallée de la Sèvre.

L'effondrement de cette région a donné lieu à un lac

de barrage dont témoignent maints dépôts d'eau douce appliqués le long des bords ou formant des mamelons dans l'intérieur du bassin. Sur la rive gauche de la Sèvre actuelle les dépôts lacustres consistent surtout en silex meulières, qui ont été exploités près de Geay jusque vers 1830; en argiles verdâtres très fortement alcalines, longtemps employées par les foulonniers de la Mothe et de Saint-Maixent. Un dépôt de fer oolithique peu étendu apparaît dans un repli de terrain, près de Mounée; il surmonte des argiles oxfordiennes et est en contact avec les argiles tertiaires qui semblent plutôt le contourner que le recouvrir (1).

Sur les mamelons de la rive droite ainsi que dans les tranchées du chemin de fer, l'argile a presque disparu, les silex ne forment plus que des lits minces et alternant avec des bancs d'un calcaire tendre, blanc-jaunâtre.

Silex et calcaires empâtent de nombreuses graines de charas, des physes, des lymnées, des planorbes.

MM. Sauzé et Baugier, dans leur *Étude sur les tranchées du chemin de fer* qui traverse cette formation, l'ont attribuée au terrain falunien de d'Orbigny; elle nous paraît correspondre à l'étage helvétien des plus récentes classifications.

Ce lac, les dénivellations qui l'ont produit, et les dépôts tertiaires qui témoignent de son existence, ont attiré l'attention de tous les géologues qui se sont occupés de notre région.

Voici quelques passages extraits de leurs travaux.

M. Cacarié, dans l'étude succincte mais si substantielle qu'il a consacrée à la géologie des Deux-Sèvres (*Mémoires*

(1) La présence dans le dépôt tertiaire de silice et d'argiles alcalines ferait présumer que les éléments de ce dépôt sont empruntés aux roches primitives de Chambrille, Château-Tison, etc., soumises à l'érosion des affluents du lac. Mais, outre que le fer ne saurait avoir cette provenance, il existe dans les Deux-Sèvres un autre dépôt tertiaire de silex meulières, à Caunay, dans un bassin où il ne se trouve aucun affleurement de granit et de schiste. Il faut donc chercher ailleurs l'origine de ces silex.

de la Société de statistique, années 1842-1843), s'exprime
en ces termes :

Pour expliquer la dénivellation des couches calcaires, il faut
admettre un vaste affaissement du terrain jusqu'au niveau du
fond de la vallée ; les causes de cet affaissement peuvent facilement se déduire de la nature du terrain sur lequel repose le
calcaire. Nous avons montré que le Bocage avait été soulevé par
des roches ignées qui font saillie dans la partie centrale, mais
qui, sans doute, ont causé des mouvements non seulement dans
toute la contrée soulevée, mais encore dans des points situés en
dehors. L'accident dont nous parlons se trouve très rapproché
des masses soulevées, et l'on peut admettre comme très probable que les mouvements intérieurs ont causé dans la profondeur des dislocations, des cavités analogues à celles des terrains
volcaniques. Un écroulement des roches inférieures sous le
poids des couches qu'elles supportaient aura déterminé leur
affaissement.....
..... Le lac avait pour limite, au nord-est, l'éboulement qu'on
observe près de Saint-Maixent ; au sud-ouest, l'éboulement
formé sur la rive gauche de la Sèvre. Ce lac déversait ses eaux
à l'ouest, un peu au-dessous de Saint-Maixent, et celles-ci
s'écoulaient vers la mer par la vallée de la Sèvre. L'alimenta-
tion avait lieu par les sources de la Sèvre et les affluents qu'elle
reçoit au-dessus de Saint-Maixent. Dans ce lac se sont déposées
des couches de calcaires marneux et de silex ; lorsque plus tard
la digue a été rompue, le lac s'est vidé, et les eaux qui l'alimentaient se sont réunies dans le lit actuel de la Sèvre. Une partie
du terrain (d'eau douce) a été détruite et il n'en est demeuré
que quelques collines.

Ecoutons maintenant la communication faite par
M. Félix Garran, ingénieur civil des mines, devant la
réunion extraordinaire de la Société géologique de
France, tenue à Poitiers, en 1843. Cette communication
rend compte d'une excursion faite les 14 et 15 septembre
de cette même année aux environs de Saint-Maixent :

Entre Saint-Maixent et la Mothe-Saint-Héray, la vallée de la
Sèvre est plus large et ressemble à celle d'un grand fleuve ;
aussi les anciens l'appelaient-ils Vau-Clair. Les couches des

terrains jurassiques des plaines au milieu desquelles elle est creusée, sont toutes brisées et d'autant plus que l'on approche des bords de la vallée. A partir de ces bords, l'inclinaison qui était d'abord insensible devient très forte, et les couches de chaque côté plongent vers l'axe. La rive droite en offre un exemple très remarquable, comme l'a observé la Société. Sur la coupe encore fraîche qui a été faite pour la construction de la nouvelle route de Paris, à la côte dite Cueille-Poitevine, à la hauteur du fief de Saute-Lièvre, les couches, qui étaient à peu près horizontales, sont brisées par une faille et plongent vers la rivière d'environ 40°. Cette faille a un mètre de puissance et est remplie de déblais. Elle se prolonge de plusieurs kilomètres.....

..... Le bassin où est bâti Saint-Maixent et qui se prolonge jusqu'à la Mothe, s'est formé par un grand affaissement du terrain jurassique. Cet affaissement a eu pour première cause la décomposition du schiste talqueux sous-jacent à ce bassin, et pour seconde cause l'entraînement de cette roche décomposée par un courant souterrain. A mesure que l'eau excavait, les couches jurassiques descendaient dans toute la largeur excavée, et l'affaissement ne s'est arrêté que lorsque le courant d'eau ne pouvant plus circuler intérieurement, à cause de la nouvelle configuration de son lit, s'est alors répandu dans le bassin formé par l'éboulement, l'a rempli, et en a formé un vaste lac dans les eaux duquel se sont déposées les couches de calcaire et celles de pierre meulière.....

Treize ans plus tard, en décembre 1856, MM. Baugier et Sauzé, dans leur *Étude géologique des tranchées du chemin de fer de Poitiers à la Rochelle* (tome XIX, 1re série, des *Mémoires* de la Société de statistique des Deux-Sèvres), écrivaient :

La rupture et l'affaissement des terrains entre deux axes de soulèvement à l'est de Saint-Maixent, ont formé le bassin assez large qui s'étend de la Mothe-Saint-Héray au Puy-d'Enfer, et dans lequel se sont déposés plus tard les calcaires et les argiles d'eau douce.....

..... Les couches du dépôt lacustre ne sont pas tellement horizontales qu'on ne puisse y remarquer çà et là quelques légères inclinaisons et quelques plissements. Ne faut-il pas en conclure que quelques oscillations ont agité notre sol postérieurement à l'époque falunienne, et ne serait-ce pas ce mouvement lui-même qui, en ouvrant la fissure qu'on voit dans les calcaires près de Saint-Maixent, aurait détruit la digue qui maintenait le niveau des eaux lacustres et causé leur écoulement, pour ne laisser au fond du bassin, avec les sédiments déjà déposés, que le lit de la rivière qui est aujourd'hui la Sèvre.

Comme on le voit par ces extraits tout le monde est d'accord pour attribuer l'origine du lac Saint-Maixentais ou lac Vauclair à un effondrement du sol. Toutefois, lorsque M. Cacarié y voit l'effet du comblement d'une cavité produite par un soulèvement inégal des roches primitives, M. Garran pense que la cause principale a été la décomposition puis l'enlèvement par un courant d'eau souterrain des schistes qui supportaient les terrains effondrés. Cette dernière hypothèse a certainement le tort d'assigner une cause exclusivement locale à un phénomène de dénivellation qui s'est produit tout autour du massif granitique du Bocage.

La façon dont le lac s'est vidé et transformé en simple rivière constitue un problème plus difficile et d'un intérêt non moins grand que celui de sa formation. Garran ne l'aborde pas; Cacarié se contente de dire que le lac déversait ses eaux à l'ouest par le lit de la Sèvre, mais il ne dit pas en quoi pouvait bien consister ce lit à l'époque où les eaux remplissaient en entier la dépression lacustre. MM. Baugier et Sauzé parlent d'un mouvement du sol qui, tout en plissant les couches faluniennes de Sainte-Eanne, aurait pu ouvrir une issue aux eaux du lac.

En somme le champ reste ouvert aux recherches et aux conjectures. Voici l'opinion à laquelle nos études nous ont personnellement amené.

Le barrage du lac Vauclair était constitué par le coteau calcaire (bajocien et bathonien) sur lequel s'élève la ville de Saint-Maixent, et par une plaine ondulée d'une altitude presque constamment inférieure à cent mètres (quatre-vingt-six mètres au bas de la côte d'Exireuil), qui s'étend entre Saint-Maixent, Exireuil et la vallée du Gueure (1).

Si l'on admet qu'aucun mouvement des terrains de la région n'ait sensiblement modifié leurs niveaux depuis la formation des buttes lacustres (2), on est amené à conclure qu'au temps où se déposaient les calcaires du Fouilloux (cent onze mètres), les eaux du lac devaient, au moins en partie, se déverser par la dépression qui est devenue la vallée du Gueure. En effet, les terrains que traverse ce ruisseau en face et au-dessous de Saivres n'atteignent sur la rive gauche que cent deux et cent quatre mètres près de Russais, l'Herbaudière et Paunay, aux points culminants du seuil qui séparait cette vallée du lac Vauclair, et plusieurs petites vallées latérales paraissent marquer les points où l'écoulement des eaux du lac vers le Gueure était le plus abondant. L'exactitude de cette assertion semble corroborée par l'importance que prend, à partir de ces points seulement, la vallée du Gueure, très resserrée en amont, mais aussi large et aussi profonde en aval que celle de la Sèvre elle-même au-dessous de Saint-Maixent.

Il y a lieu toutefois de rechercher pour quelles causes l'écoulement selon cette direction n'existerait plus, tandis que le lac aurait choisi pour évacuateur définitif de ses eaux le vallon actuel de la Sèvre, creusé dans un terrain plus élevé. (Ce terrain atteint cent vingt et cent trente mètres entre Gentray, Charchenay et Jaunay.)

L'étude des roches traversées par ces deux directions va nous fournir les éclaircissements nécessaires.

(1) Le mot Gueure est le vrai nom du ruisseau dénommé Liguaire ou Chambon sur les cartes. Liguaire n'est qu'une mauvaise traduction du patois *le Gheure*, et Chambon est un lieu-dit désignant une plaine et une prairie traversées par le ruisseau non loin de son confluent avec la Sèvre, près de François. Pour les riverains, ce ruisseau est le « gheure de Saivres », le « gheure de Fonvérines », le « gheure de Chambon », suivant les lieux qu'il traverse, mais il est toujours et partout le Gheure, mot qui se traduit par Gueure en français.

(2) Les ondulations du falunien de Sainte-Eanne peuvent en effet résulter d'un simple glissement des argiles oxfordiennes sous-jacentes.

Les calcaires bajociens et bathoniens dénivelés entre Saint-Maixent, Exireuil et le Gueure ont éprouvé, lors de leur affaissement, une compression violente qui a resserré les blocs et refermé les fissures ; ce qui rend fort pénibles les travaux actuels d'extraction dans les carrières. Cette masse presque homogène donnait très faiblement prise aux érosions.

Dans la direction de la vallée actuelle, au contraire, les schistes et le lias, roches normalement plus dures que les calcaires oolithiques, ont cependant offert moins de résistance à l'action érosive des eaux, par suite de *l'existence d'une fissure importante réunissant et continuant vers le sud-ouest les failles limitrophes du lac Vauclair.* L'existence de cette fente est prouvée par ce fait que les schistes, aussitôt leur apparition à Piozay et à Beausoleil, atteignent un niveau plus élevé sur la rive gauche que sur la rive droite de la Sèvre. Leur niveau s'égalise, il est vrai, dans la direction de Sainte-Néomaye. Au-delà du confluent de l'Hermitain, près de la Font-Creuse, les schistes disparaissent et la faille semble s'éteindre au milieu des mille cassures qu'une autre faille importante, allant de l'est à l'ouest, a déterminées dans les calcaires de l'oolithe. Il n'en paraît pas moins que l'existence de la vallée en cet endroit résulte de l'élargissement d'une fissure sous l'effort puissant et prolongé du courant qui rongeait ses parois.

Ainsi l'hypothèse qui répond le mieux à la disposition des lieux, à la contexture des roches et à la succession des phénomènes, nous paraît être celle qui admet les deux faits suivants :

1° Ecoulement d'une portion des eaux du lac en une nappe peu profonde par la plaine située au nord-est de Saint-Maixent, puis par la vallée du Gueure ;

2° Ecoulement (peut-être souterrain à l'origine) d'une autre portion par une fissure, dont le déblaiement et l'élargissement progressifs ont abaissé le niveau des eaux, supprimé l'autre voie d'écoulement, vidé le lac, puis constitué la vallée actuelle de la Sèvre.

II.

Vallée moyenne :
de Saint-Maixent à Niort et Coulon.

En descendant la vallée de la Sèvre, de Saint-Maixent à la Crèche, on trouve le bajocien surmonté du bathonien, atteignant dans la tranchée de la gare l'altitude de quatre-vingts mètres, et inclinant vers la vallée de la Sèvre ; trois cent cinquante mètres plus loin, à Piozay, presque au même niveau, apparaissent les argiles bleues du lias ; enfin, à quinze cents mètres de la gare, dans la tranchée de la Place, les schistes sont relevés à quatre-vingt-un mètres ; sur la rive droite, leur altitude reste moindre. De là, les schistes se continuent en s'abaissant progressivement jusqu'à Font-Creuse, fontaine située près du bourg de Sainte-Néomaye et dont les eaux émergent à la jonction du schiste et du lias moyen. Plus loin, aux Rivolières, le lias moyen atteint soixante-dix mètres ; aux Vigneaux, le bajocien atteint soixante-treize mètres, et au Pont-de-Vaux, le bathonien quatre-vingt-deux mètres. — Comme on peut le voir par ces chiffres, empruntés au savant travail de MM. Sauzé et Baugier sur les tranchées du chemin de fer de Poitiers à la Rochelle, la Sèvre a dû traverser, entre Saint-Maixent et la Crèche, le rameau schisteux qui supporte la terrasse limitant au sud-ouest les deux dépressions du bassin supérieur de la Sèvre. Au nord et au sud de ce rameau, nous voyons la même succession de terrains liasiens et oolithiques groupés symétriquement.

La Sèvre, ainsi qu'il a été dit plus haut, s'est frayé sa vallée au milieu de ces terrains par l'agrandissement d'une faille de même origine que celles des deux dépressions lacustres.

Du Pont-de-Vaux à Sciecq le lit de la Sèvre divague à travers les calcaires de l'oolithe inférieure, parmi les mille cassures du bajocien et du bathonien. Les bancs inférieurs du bajocien, dits bancs bleus, de consistance grésiforme et très résistants, forment le fond du lit sur presque tout le parcours; dans les endroits où le courant les a arrachés, c'est l'argile toarcienne qui apparaît sous les eaux.

Ce n'est pas ici le lieu de décrire en détail les vallées des divers affluents de la Sèvre (l'Hermitain, le Gueure, le Raguier, l'Egray, le Lambon), qui appartiennent à cette partie de son cours. Aucun d'eux, par l'apport de ses eaux, ne paraît avoir exercé d'influence sensible sur la direction et le creusement de la vallée principale. Ceux qui coulent du nord au sud et drainent le versant méridional de la Gâtine donnent lieu à la remarque suivante : issus des schistes, ils traversent successivement les couches du lias et de l'oolithe inférieure dénivelés par des failles perpendiculaires à leur cours, mais dont la lèvre la plus élevée est constamment demeurée du côté de leur source; cette circonstance, loin de contrarier leur écoulement, l'a favorisé, en accentuant plus fortement la pente de leurs lits vers la vallée de la Sèvre.

J'insisterai, pour cette région, sur deux faits importants :

1° L'existence d'une faille avec terrasse limitant au sud cette portion de vallée;

2° La présence de nombreuses vallées sèches, creusées et parcourues par des affluents aujourd'hui éteints.

La grande faille en question part des schistes de la forêt de l'Hermitain et se dirige vers l'ouest; sa lèvre méridionale, qui fait saillie, forme d'abord les collines festonnées de Villeneuve, Tressauve, Chavagné, Miséré; à partir de ce point elle s'abaisse et reste masquée par le limon rougeâtre de la plaine du Cellier; puis elle reparaît à Chauray pour se diriger vers le Bouchet et rejoindre au moulin des Loups une autre fissure liasique par où s'écoule la Sèvre entre Mursay et le Vivier (1).

(1) Il se pourrait que cette seconde fissure, quoique formant angle droit avec la première, eût la même origine que celle-ci.

Cette faille est partout caractérisée par l'apparition, un peu au-dessous du sommet du plateau formant terrasse, et du côté nord, des argiles bleues toarciennes. Dans la partie qui s'étend entre l'Hermitain et Chavagné, le lias continue à dominer au sud et forme le sous-sol du plateau qui porte Prailles, Aigonnay et Bougouin, et va jusqu'à la vallée du Lambon, où le terrain primitif, schistes et quartzites, apparaît au-dessous de Fressines; l'oolithe, quand elle existe, y est réduite aux bancs inférieurs de l'étage bajocien.

La terrasse et le plateau au sud ont à cet endroit une altitude qui s'élève jusqu'à cent cinquante mètres, et il faut, de l'autre côté de la vallée de la Sèvre, remonter jusqu'à Augé et la Chapelle-Bâton pour retrouver le lias à cette même cote. Entre ces points, dans le lit de la Sèvre, ce même lias apparaît à la Crêche et à François, à la cote moyenne de trente-cinq mètres. Ces chiffres indiquent suffisamment l'importance de la dépression. La portion de terrasse qui va de Chauray vers Sciecq demeure à un niveau un peu inférieur à cent mètres, et le sous-sol du plateau au sud est formé par les calcaires de l'oolithe, bajocien et bathonien, jusqu'à une autre fissure qui suit la direction de Prahecq, Aiffres, Niort, et accompagne l'affleurement de l'oolithe moyenne (callovien et oxfordien).

Une très belle coupe de la dénivellation qui nous occupe apparaît dans une tranchée de la ligne ferrée de Niort à Montreuil-Bellay, dans la côte qui domine au sud la station d'Echiré. Le lias se montre en couches horizontales dans le plateau de la Grange-Saint-Gelais; puis une faille d'environ vingt mètres de largeur est remplie de débris du toarcien et de limon rouge. Au nord de la fente, les étages 8e, 9e, 10e, 11e (lias moyen et supérieur, oolithe inférieure et grande oolithe), apparaissent successivement sur un espace d'une centaine de mètres en couches très fortement inclinées vers la vallée de la Sèvre.

Cette disposition se retrouve avec quelques modifications de détail dans toute l'étendue de la colline. A Chavagné, notamment, une carrière ouverte à l'ouest du bourg, montre le lias moyen ; dans le bourg même, une fontaine (altitude, cent mètres) coule au-dessus des argiles toarciennes (étage 9e) ; à mi-côte, en se dirigeant au nord, vers Ruffigny, une carrière est ouverte à fleur de sol dans le bajocien ; puis la voie ferrée, dans la tranchée de Champ-Albert, coupe le bathonien (11e étage) et le callovien (12e étage) dont la cote supérieure atteint soixante-sept mètres.

Si l'on poursuit cette coupe jusqu'à la Sèvre, on trouve celle-ci à Ruffigny avec la cote trente-neuf mètres, supérieure de deux ou trois mètres seulement au niveau des argiles du lias.

Cet examen des terrains montre clairement qu'entre le plateau de Gâtine et la ligne de hauteurs formant terrasse entre la forêt de l'Hermitain et Sciecq, il existe une dépression bien caractérisée séparant les schistes de Fressines de ceux de la Gâtine, et dont la cause doit encore être recherchée dans un effondrement du terrain intermédiaire.

Les eaux du Gueure, du Raguier, de l'Egray, arrivant du nord, ont rencontré dans cette dépression les eaux de la Sèvre, et toutes ensemble ont raviné le thalweg et y ont creusé un lit. La pente générale peu rapide et les nombreuses fissures de l'oolithe ont laissé les eaux serpenter suivant une ligne de moindre résistance dont les méandres revêtent une allure d'apparence très capricieuse.

Il est permis de considérer la portion du cours de la Sèvre comprise entre Saint-Maixent et le Pont-de-Vaux (Breloux) comme un *couloir* établissant communication entre le lac Vauclair et la troisième dépression qui nous occupe ; un autre couloir creusé dans le lias conduit les eaux de Sciecq jusqu'à Niort, où commence la grande vallée à la fois d'inflexion et d'érosion qui renferme le Marais. Le caractère propre de ces couloirs est d'avoir été creusés de vive force par les eaux dans un terrain fissuré mais sans dénivellation préexistante bien marquée.

Si nous passons à l'étude des vallées aujourd'hui sèches d'anciens affluents de la Sèvre, nous serons amené à la conclusion suivante : *Un cours d'eau ne peut se maintenir à la surface du sol qu'à condition d'avoir pour lit une couche constamment saturée d'eau dans toute son étendue.*

Certaines vallées, parcourues l'hiver par des ruisseaux temporaires, demeurent à sec en été parce que le niveau des couches saturées s'abaisse alors au-dessous de celui de leur lit. C'est cet état périodique des ruisseaux d'hiver qui est devenu la situation permanente des vallées sèches.

L'abaissement du niveau supérieur de la couche aquifère a eu pour cause le creusement même de la vallée principale où cette couche a déversé son trop-plein par des points de moins en moins élevés. Dans l'époque actuelle, il est vrai, la Sèvre ne creuse plus son lit (1); mais il y a lieu de tenir compte du changement apporté au régime des eaux superficielles par la mise en culture des plaines, puis par l'emploi d'instruments aratoires de plus en plus puissants. Sur un sol vierge et nu — même sur un terrain faiblement attaqué par des araires en bois — l'eau des pluies ne pouvait s'infiltrer sur place, et se rendait vite, par voie de ruissellement, au fond de la vallée voisine. Aujourd'hui, le sol ameubli par des façons culturales plus profondes se laisse pénétrer par les eaux météoriques qui s'enfoncent dans les fissures du sous-sol et descendent perpendiculairement vers la nappe d'infiltration; celle-ci les déverse directement dans la vallée principale sans utiliser l'intermédiaire des vallées de second ordre que n'atteint plus cette couche aquifère.

Ainsi, par cette action ancienne de l'approfondissement des vallées principales qui a abaissé successivement le niveau des couches à saturation constante, puis par l'action récente des engins agricoles qui ralentissent ou arrêtent le ruissellement superficiel, des vallées à cours d'eau per-

(1) Nous verrons plus tard qu'il y a lieu de restreindre ce fait à la partie de la Sèvre qui est en amont de Niort.

rennes puis temporaires sont devenues finalement des vallées sèches.

La Sèvre, dans sa partie moyenne, coule, avons-nous dit, à la surface des argiles toarciennes, et ces mêmes argiles retiennent les eaux d'infiltration de toute la partie moyenne du bassin (1).

Presque toutes nos vallées sèches partent d'un point de la terrasse où affleure le lias supérieur. Toutefois il est arrivé fréquemment, par suite de l'inflexion des couches, que ces argiles sont descendues, dans le parcours du ruisseau, à des profondeurs que l'érosion n'a pu atteindre. Tant que les couches oolithiques non entièrement traversées sont demeurées dans un état de saturation constante, le ruisseau qui les sillonnait a dû conserver un cours permanent. Cette circonstance ayant disparu par suite de l'approfondissement plus rapide de la vallée principale, les eaux des vallées secondaires ont suivi le mouvement de descente de la nappe d'infiltration, et, ne pouvant creuser leur lit jusqu'à cette couche, elles ont délaissé la surface pour prendre un cours souterrain. C'est ce qui explique pourquoi, près du confluent de la plupart des vallées sèches, on voit émerger une source. Sans correspondre invariablement au thalweg de la vallée sèche, cette source a pour origine les eaux de la même nappe qui maintenait jadis le courant superficiel.

Les exemples de la relation d'une fontaine avec une vallée définitivement sèche ou qui le devient l'été dans son cours inférieur, sont très nombreux :

Un groupe de petites vallées sèches partant de Miauray, Romans, Villeneuve, la Chênaie, Tressauve, se réunissent en une vallée unique que franchit le viaduc de la Crèche. Ce n'est plus qu'à des intervalles assez éloignés qu'un ruisseau superficiel la parcourt l'hiver ; mais les eaux qui

---

(1) Ces argiles sont d'ailleurs partout aquifères, leur consistance plastique les rendant imperméables malgré les fissures qui les ont traversées en même temps que les autres étages.

l'alimentaient autrefois, descendues dans le sous-sol jusqu'au niveau supérieur du lias, donnent naissance aux belles sources de la Basse-Crèche et de Fonlabu.

Une autre vallée sèche, partant de Miséré, se dirige vers le nord-ouest par la plaine située entre Ruffigny et la Roche de Chauray. Les vieillards affirment que dans les premières années de ce siècle elle était chaque hiver parcourue par un faible cours d'eau. Aujourd'hui elle est constamment à sec. Cependant un puits placé dans la vallée proche de son confluent, à la ferme de Giffon, dégorge des eaux abondantes à l'époque des crues; ces eaux représentent l'ancien ruisseau qui s'est réfugié au-dessous des sables accumulés dans son lit, et ne parvient plus à les noyer suffisamment pour reparaître à leur surface.

Entre le confluent du Raguier et celui de l'Egray sept vallées sèches atteignent la rive droite; elles drainaient superficiellement autrefois les plaines de Cherveux et de Rouvres; aujourd'hui elles n'apportent plus à la Sèvre qu'un tribut souterrain mis en évidence par quelques fontaines émergeant près de leurs confluents.

Deux vallées sèches, originaires l'une de Villiers, l'autre de Lessons, séparées d'abord par le relèvement liasique des Ardilliers, se réunissent à la Couture pour aller confluer avec la Sèvre à Saint-Maxire. Une belle source représente encore l'ancien ruisseau superficiellement desséché.

De Ligny et de la Moie, dans les plaines situées au nord d'Aiffres, part une vallée sèche dans laquelle ont dû rouler des eaux abondantes, à en juger par l'importance des dépôts de sable exploités dans son lit et sur ses rives aux abords de la route de Limoges; un puits, près de Souché, une fontaine, dite Bouillounouse, près de Niort, témoignent encore, dans la saison des pluies, de l'activité souterraine de cette vallée, qui n'a cessé que depuis peu d'être parcourue par un ruisseau. C'est en effet pour évacuer ses eaux accumulées le long de l'enceinte fortifiée de la ville de Niort que fut ouverte en 1747 la brèche dont le nom est resté à la plus importante de nos places publiques. Aujourd'hui, Bouillounouse a calmé sa fougue, et c'est à peine si ses eaux, invisibles à la surface, parviennent à incommoder les habitants de la partie basse de l'avenue de Paris dont elle inonde parfois les caves. Une fontaine située au pied du Donjon verse encore dans la Sèvre des eaux issues de cette vallée.

Ce que nous venons de constater pour ces vallées sèches existe de même pour des ruisseaux actuellement temporaires dans la partie inférieure de leur cours.

Ainsi le Rabânier ou ruisseau du Puy-d'Enfer, qui coule constamment jusqu'aux abords de la cascade, laisse infiltrer ses eaux dans une fissure au contact des calcaires et des roches primitives, près de Bèchereau et ces mêmes eaux émergent par la même fissure sur les bords de la Sèvre, sans doute à la fontaine de Saint-Martin.

Le Lambon ne dépasse pas, l'été, le village de la Billaudière près de Fressines ; ses eaux s'insinuent à cet endroit entre les schistes et les calcaires et vont émerger au Vivier, près de Niort, par un rameau de la faille où le Lambon avait creusé son lit.

Ces vallées, dont une fontaine suffit, l'été, à évacuer les eaux, voient cependant, l'hiver, toute leur étendue parcourue par un ruisseau. La même chose se passe pour le Gueure qui, dans la saison sèche, s'arrête à Bec-d'Ane (commune d'Azay-le-Brûlé) ; pour le Raguier, qui ne dépasse pas Bonneuil (commune de François), etc.

On se rendra aisément compte de ce fait en considérant que, dans la saison des pluies, la nappe d'infiltration augmente d'épaisseur et que sa surface remonte alors au niveau du lit de la portion de vallée desséchée en été.

Le bassin inférieur de la Sèvre est le siège de phénomènes hydrologiques susceptibles de recevoir la même explication, bien que la couche aquifère y occupe un horizon géologique différent.

Ainsi la Fosse de Paix, près de Prahecq, laisse jaillir en

hiver des eaux abondantes qui proviennent d'une nappe aquifère en relation avec la vallée sèche de Triou. Cette nappe remonte au temps des crues du niveau où coule la Guirande jusqu'à la partie supérieure d'une faille qui fait descendre le callovien au niveau du bathonien. La fontaine de la Perrière, près d'Aiffres, a une origine analogue, mais sa position à une altitude moindre et le voisinage de la Guirande, en maintenant la saturation aqueuse des couches, la rendent pérenne.

Les belles sources de Bouillé-Courdault (Vendée) donnent issue, comme le veut la tradition, aux eaux qui se perdent près de Nieuil, dans le lit de l'Autize, en même temps qu'elles sont en relation avec la vallée d'Oulmes qui, durant l'hiver seulement, est parcourue par un ruisseau non indiqué sur les cartes et que les habitants appellent Maléon. Les sources de Bouillé émergent dans la faille qui accompagne l'affleurement du callovien, la même d'ailleurs que celle d'où jaillissent, à trente kilomètres de distance, les eaux de Paix et de la Perrière d'Aiffres. Le voisinage du marais ne permet pas à cet endroit l'abaissement de la nappe d'infiltration; aussi les sources de Bouillé sont-elles constantes.

Revenons maintenant à la vallée principale.

De Sciecq au confluent du Lambon et du Vivier, la Sèvre occupe un couloir liasien où elle a creusé son lit de vive force à la faveur d'une ou de plusieurs failles préexistantes. A Surimeau la vallée affleure même un instant des schistes ardoisiers dont quelques débris se retrouvent sous forme de galets empâtés dans les assises inférieures du lias (tranchée du moulin d'Anne).

En face de la belle fontaine du Vivier, dont j'ai déjà exposé l'origine, une vallée se détache sur la rive droite, contourne la butte de Saint-Hubert qui porte la route de Fontenay et va retomber dans la vallée de la Sèvre à Tellouse. De nombreuses sablières exploitées sur les bords de cette vallée sèche témoignent que les eaux l'ont jadis occupée en entier. Il y avait alors un double écoulement des eaux de la Sèvre par cette vallée latérale et par la vallée actuelle, évidemment moins profonde qu'aujourd'hui. Le choix fait par la rivière de son lit définitif tient sans doute à la différence de dureté des roches à traverser dans les deux vallées. Par l'issue actuelle, les eaux n'ont eu qu'à dégrader une roche oolithique tendre et fissurée, tandis que, dans l'autre vallée, un seuil liasien, visible à l'endroit où la route de Fontenay traverse la dépression, offrait bien plus de résistance à l'érosion des eaux. Aujourd'hui, à Tellouse, la différence de niveau des deux fonds de vallées est de près de dix mètres, ce qui prouve que la Sèvre a, dès longtemps, abandonné cette voie secondaire d'écoulement.

Le lit de la Sèvre, de Niort à Coulon, est encore l'œuvre de la rivière elle-même. Là, des failles évidentes, largement ouvertes dans des roches peu consistantes, ont livré aux eaux un facile passage. Tandis que la butte Saint-Hubert présente le lias surmonté des couches bajociennes (étages 8, 9, 10), la rive opposée de la Sèvre montre, dans les tranchées du Bas-Sablonnier et à Bouzon, la superposition du callovien et de la grande oolithe (étages 11 et 12). Saint-Liguaire présente une falaise oxfordienne en face du bathonien de Chey, l'étage callovien tout entier ayant sombré sous le lit même de la rivière dans tout l'espace compris entre Ribray et la Tiffardière.

A partir de ce dernier point jusqu'à Coulon, et même au-delà, la Sèvre n'a eu, pour se frayer une issue, qu'à affouiller tout autour de l'île de Magné les couches peu consistantes de l'oxfordien supérieur.

Aux heures où son lit n'avait pas encore atteint les profondeurs actuelles, et où la rivière roulait, avec force graviers, les eaux torrentielles des périodes pluvieuses quaternaires, elle a déposé, comme témoignage des niveaux élevés qu'elle atteignait alors, les sables en partie siliceux de Ribray et de Coulon.

III.

Vallée inférieure de la Sèvre. — Marais poitevin.

La partie inférieure actuelle de la vallée de la Sèvre, de formation bien plus récente que les portions déjà étudiées, comprend essentiellement une dépression marécageuse que la mer a creusée et envahie, et dont elle s'est ensuite lentement retirée, reculant devant ses propres atterrissements que l'industrie humaine est parvenue à fixer et à protéger.

Si on limite cette portion à l'étendue occupée actuellement par les alluvions marines, il sera malaisé de déterminer nettement le point précis où elle commence du côté de l'est, parce qu'une portion assez considérable de la vallée, aux environs de Coulon, a dû rester assez longtemps indivise entre les eaux douces et les eaux salées, les premières refoulant les secondes à l'époque des crues et étant refoulées à leur tour à l'époque des marées de syzygies.

Les alluvions laissées par la mer consistent principalement en une argile gris cendré, à pâte fine et très homogène, appelée *bri* par les habitants, et qui renferme des coquilles marines. Les alluvions fluviatiles se composent de galets, graviers et limons, mélangés ou disposés par strates à peu près régulières. Entre Saint-Liguaire et Coulon, et même au-delà, les lavages opérés par les eaux pluviales sur des rivages composés d'argiles oxfordiennes ont entraîné au fond de la vallée des dépôts vaseux offrant avec le bri une certaine analogie; et comme ces couches originaires des eaux douces vont se marier insensiblement avec des couches marines de même aspect, la démarcation est très difficile à établir. Dans de semblables conditions, il est clair que la présence des coquilles marines au milieu des alluvions devient la seule preuve absolument certaine du passage de la mer. Or ces coquilles, extrêmement abondantes dans le bri à Saint-Michel-en-l'Herm, Luçon, Marans, l'Ile-d'Elle (1), sont déjà rares à Saint-Hilaire-la-Palud, plus rares encore à Arçais, où nous avons recueilli quelques valves de cardiums. M. Valadon, conducteur des ponts et chaussées, chargé spécialement du service de la Sèvre dans la région qui nous occupe, a trouvé quelques coquilles à Irleau, commune du Vanneau, mais aucune des fouilles qu'il a pratiquées en amont de ce point ne lui en a fourni.

Irleau peut donc être considéré actuellement comme le point le plus oriental où la présence de la mer ait été démontrée d'une manière irrécusable (2).

L'extrême rareté des coquilles trouvées à l'est de Saint-Hilaire-la-Palud et d'Arçais semble indiquer que la mer y a peu contribué à la formation des alluvions, dues surtout à l'apport du fleuve. Les hautes marées seules noyaient le terrain sur lequel elles entraînaient avec des sédiments marins quelques valves de lamellibranches, presque toujours séparées et roulées. Une large zône d'un dépôt mixte se serait ainsi formée en aval de Coulon.

Le marais de la Sèvre et du Lay (3) représente à peu de chose près un espace triangulaire, limité à l'ouest par le rivage actuel, sur un espace de trente à trente-cinq kilomètres, entre Jard (Vendée) et Esnandes (Charente-Inférieure) ; la limite au sud correspond assez exactement

(1) Ce sont les mêmes espèces qui vivent aujourd'hui dans l'anse de l'Aiguillon et sur les côtes voisines.

(2) L'opinion d'après laquelle la mer aurait remonté jusqu'à Niort n'est pas admissible.

(3) Le Lay ne saurait à aucun titre être considéré comme un affluent actuel de la Sèvre, bien qu'avant le dessèchement un bras du Lay se jetât dans l'anse de l'Aiguillon. Leurs embouchures sont aujourd'hui isolées, indépendantes, et distantes d'une quinzaine de kilomètres. Cependant il est permis de croire qu'avant l'érosion des terres par les eaux de la mer les deux cours d'eau confluaient ; d'un autre côté le comblement rapide de l'anse de l'Aiguillon et l'allongement des dunes de la pointe d'Arçais vers la pointe des Jaux laissent entrevoir la possibilité d'une nouvelle jonction en terre ferme des deux cours d'eau.

à une ligne droite de quarante kilomètres allant d'Esnandes à Coulon ; au nord, la limite est représentée par
une ligne courbe allant de Coulon à Luçon, puis à Jard.

Cette ligne courbe borne au sud la plaine vendéenne,
et correspond à la jonction des deux étages bathonien
et callovien. Le callovien (zône à *ammonites anceps*) est
fortement dénivelé sur tout ce pourtour, et la faille de
dénivellation donne naissance aux sources abondantes
de Glande, Bouillé, Fontaine, Nalliers, etc. Des lambeaux
du même terrain apparaissent à Mancigny, au lieu où la
Vendée débouche dans le marais, et à Jard, sur les bords
mêmes de la mer. Nul doute que cette longue faille,
issue des environs de Chef-Boutonne et qui remonte au
nord-ouest presque en ligne droite vers Prahecq, Niort,
la Tiffardière, Coulon (station), Bouillé, pour s'infléchir
ensuite légèrement vers l'ouest et rencontrer à Jard la
côte de l'Océan, n'ait exercé une grande influence sur les
destinées géologiques du marais poitevin.

La limite sud, que nous figurons par une droite allant
de Coulon à Esnandes, correspond presque mathématique-
ment à la jonction superficielle des terrains oxfordien et
corallien.

Ainsi, au nord du marais, on voit la limite inférieure
des affleurements bathoniens (11e étage) et au sud la
première apparition du corallien (14e étage). Puisque les
terrains jurassiques appuyés sur le massif granitique du
Bocage se sont formés sans solution de continuité, on
peut, *a priori*, considérer le marais comme ayant été
primitivement occupé par les affleurements du callovien
et de l'oxfordien (12e et 13e étages). Or un grand nombre
d'îlots sont demeurés comme des témoins de l'existence
des anciens terrains au milieu du golfe aujourd'hui
comblé et desséché ; leur relief s'accuse nettement au-
dessus des couches horizontales du dépôt marin (bri).
L'étude des roches qui constituent la masse de ces îlots
confirme pleinement l'assertion que nous venons d'émettre.
Ainsi l'île de Maillezais est formée de couches de transi-

tion entre l'oxfordien inférieur et l'oxfordien supérieur (12-13). Il en est de même des îles de Chaillé-les-Marais, de Champagné-Puyravault-Sainte-Radégonde, de Triaize, de la Dune, de Saint-Michel-en-l'Herm, que d'Orbigny attribue au callovien. L'île de la Dive, suivant le même auteur (1), appartient à l'oxfordien supérieur. Charron, Marans, l'île d'Elle appartiennent à la fin des formations oxfordiennes, et, pour quelques points élevés, au commencement du corallien. Sur la limite inférieure, dans les Deux-Sèvres, l'oxfordien s'observe au Vanneau, à Irleau, et, dans la Charente-Inférieure, à Courçon, Villedoux, Esnandes.

Si maintenant nous relevons l'altitude de ces divers terrains, nous voyons la grande oolithe (bathonien) descendre dans la plaine vendéenne des cotes de trente et vingt mètres jusqu'à celles de cinq et deux mètres au contact du bri. Au sud le corallien dépasse rarement vingt mètres et les îles de l'intérieur du marais fournissent les cotes suivantes : Maillezais, dix-huit mètres ; Chaillé, dix-neuf mètres ; Saint-Michel, douze mètres ; la Dune, onze mètres ; la Dive, treize mètres ; Charron, neuf mètres ; l'Ile-d'Elle, vingt-sept mètres ; Vix, trente-quatre mètres. Ainsi des terrains partant du bathonien (11e étage) avec la cote trente mètres arrivent, en passant par le callovien (12e) et l'oxfordien (13e), jusqu'au corallien (14e) avec la cote vingt mètres. On ne saurait, puisque ces terrains se sont formés successivement et par voie de superposition, nier qu'il y ait eu affaissement ; mais cet affaissement dépassant au sud la limite du marais poitevin, il n'y a lieu d'en tirer aucune conséquence touchant l'origine de ce dernier.

Nous admettrons donc, puisque les faits nous y autorisent, que des formations jurassiques ont occupé tout le marais en atteignant le niveau des points culminants actuels des anciennes îles. Nous pourrons même considérer ces formations comme s'étant prolongées vers l'ouest,

(1) *Paléontologie et géologie stratigraphique*, t. ii. p. 528.

3

dans l'Océan, bien plus avant que l'île de Ré, alors évidemment rattachée au continent. Sur cette vaste plaine, divers cours d'eau avaient tracé leur lit : la Sèvre, l'Autize, le Mignon, la Vendée, le Lay. Il n'est pas possible de reconstituer aujourd'hui ces anciens lits, que l'invasion de la mer a supprimés, pour la Sèvre jusqu'aux environs de Coulon, pour l'Autize jusqu'aux Portes de l'île de Maillezais, pour le Mignon jusqu'à Cram-Chaban, pour la Vendée jusqu'à Velluire, pour le Lay jusqu'à Curzon et Lairoux. Mais ces rivières ont laissé des traces de leur ancien passage : ce sont les sables fluviatiles (1) qu'on trouve fort abondants à Maillezais (dépôt de l'Autize), à Grues (dépôt du Lay) et près du sommet de l'Ile-d'Elle (dépôt probable de la Sèvre). Tous ces cours d'eau avaient raviné les couches jurassiques de l'emplacement du marais poitevin ; ils confluaient on ne sait où, et la Sèvre allait porter bien plus avant qu'aujourd'hui dans l'Océan le tribut plus important de ses eaux. Il faut sans doute attribuer également aux eaux douces de cette époque les dépôts de sables calcaires que l'on rencontre en quelques points du littoral du marais, sur une zône plus élevée que celle atteinte par la mer, notamment au sud de Benet et à Aziré. Là, le callovien et quelques assises bathoniennes ont été réduits en un fin limon blanc mêlé de gravier et demeuré sensiblement dans l'emplacement des roches désagrégées. On observe des désagrégations semblables sur l'autre rive, à Amuré, à Saint-Hilaire-la-Palud, etc.

A partir d'une époque indéterminée de la période quaternaire, peut-être même de la période actuelle, la mer revint sur ses pas, attaqua les terrains depuis longtemps émergés qui formaient ses rivages, les usa de la

---

(1) L'absence de débris marins dans ces graviers contraste avec l'abondance de coquilles des sables marins de l'Ile-d'Elle ; également, les angles à peine émoussés des galets de calcaire et de quartzite autorisent à les considérer comme fluviatiles.

même façon qu'elle use encore les saillies de ses côtes, et creusa en une longue suite de siècles le golfe du Poitou, dont l'anse actuelle de l'Aiguillon n'est plus qu'une faible représentation.

L'ablation du terrain a, du reste, été rendue facile par la nature même des argiles et des calcaires tendres et fissurés des deux étages oxfordiens ; mais il n'est nullement utile, pour l'expliquer, d'invoquer, comme l'ont fait divers auteurs, soit une élévation dans le niveau des eaux de l'Océan, soit un mouvement du sol : les vagues qui dégradent sous nos yeux les falaises de l'île de Ré, les pointes des Minimes, du Ché, d'Angoulins, de Chatel-Aillon, etc., appliquent aujourd'hui sur d'autres points du littoral les forces qui agissaient autrefois sur les roches dont le golfe poitevin prit la place.

La formation de l'estuaire de la Sèvre n'est d'ailleurs pas un fait isolé. Il s'est répété au moins jusqu'à trois fois dans des conditions presque identiques, entre l'embouchure de la Loire et celle de la Gironde. Dans cet espace, trois îles principales, Noirmoutier, l'île de Ré l'île d'Oléron (1), composées de mêmes roches que les points correspondants de la côte, représentent les débris du prolongement ancien du continent dans l'Atlantique. Il n'est pas possible de reconnaître exactement jusqu'où s'avançait ce prolongement, dont la partie septentrionale, étayée sur le granit primitif avait émergé dès la fin de la période jurassique, et la portion sud vers le milieu de la période crétacée.

Si l'on en juge par la forme de ces îles, toutes allongées et *inclinant leur grand axe vers le sud-est*, et aussi par la configuration des estuaires, voici quelle serait l'origine

---

(1) Nous ne citons pas l'île d'Yeu dont l'origine a pu être accompagnée des mêmes circonstances que celle de ses voisines. Son éloignement plus considérable de la côte implique une séparation du continent plus ancienne, et des modifications du littoral correspondant dont il n'est plus possible de suivre les traces.

et des îles et des golfes qui les accompagnent *dans la même position relative :*

Un courant marin agissant du large, *selon cette même direction du nord-ouest au sud-est,* aurait dépensé sur nos côtes sa force vive, entamant les terrains émergés échancrant profondément le littoral, puis détachant les îles du continent.

Ce courant se serait terminé par plusieurs branches dont la plus septentrionale aurait exercé son action entre la Bretagne et l'île de Noirmoutier, creusé la baie de Bourgneuf, puis contourné largement Noirmoutier en s'enfonçant jusqu'à Machecoul, Soulans et Riez.

La branche méridionale aurait séparé l'île d'Oléron d'avec l'île de Ré en creusant le pertuis d'Antioche, puis aurait poursuivi son action érosive dans la vallée inférieure de la Charente ; enfin elle aurait détaché du continent l'île d'Oléron par l'ouverture d'un large canal dont le pertuis de Maumusson ne représente qu'une partie.

Un rameau intermédiaire aurait modelé la côte de la Vendée, creusé entre cette côte et l'île de Ré un golfe qui s'est avancé dans les terres jusqu'à cinq à six kilomètres de l'emplacement de Niort et, finalement, aurait isolé l'île de Ré de la terre ferme.

Puis, après avoir corrodé nos rivages durant des siècles, la mer s'arrêta ; ou plutôt — car son action est incessante — elle se comporta différemment à l'égard de nos régions, et se mit à combler ce qu'elle venait d'excaver.

Les courants avaient-ils modifié leur direction par suite de l'ouverture des détroits et de la nouvelle conformation du littoral ? Aucune donnée positive ne vient répondre, et nous ne pourrions que formuler timidement cette hypothèse.

Ce qui est certain, c'est le comblement successif des estuaires par suite du dépôt d'une sorte d'argile grise, à pâte fine, de composition très homogène, le *bri,* qui est en général composé de dix-huit parties de carbonate de chaux, quarante-six de silice, et trente-six d'alumine. (Analyse donnée par M. Fleuriau de Bellevue.)

Cette composition du bri nous éclairera pleinement sur son origine. Dans l'anse de l'Aiguillon, par exemple, nous ne pourrions le considérer comme un produit fluviatile, d'abord parce que la vitesse des eaux de la Sèvre dans le marais est insuffisante pour le transport de la quantité considérable de sédiments qui se déposent chaque année, ensuite parce que ce cours d'eau ne pourrait fournir que les matériaux calcaires empruntés à un lit jurassique. La forte proportion de silice du bri ne peut donc provenir que de la désagrégation de roches siliceuses situées au fond de la mer, ou de l'usure des côtes granitiques de la Bretagne.

Il est donc nécessaire d'admettre que, pour la presque totalité, le bri est un apport des courants marins.

Les dépôts vaseux se formèrent d'abord dans le fond des anses et sur leur pourtour ; et le comblement du golfe poitevin dans sa presque totalité s'est opéré d'une façon absolument identique aux atterrissements qui se forment actuellement dans l'anse de l'Aiguillon, où la mer recule chaque année d'environ dix mètres.

Il est à remarquer que les dépôts actuels de bri atteignent sensiblement le niveau moyen des marées ; cela résulte de ce que les sédiments sont portés par les eaux jusqu'à la limite supérieure de leurs oscillations ; et si les fortes marées recouvrent assez loin les sédiments déjà en partie consolidés, les éléments nouveaux qu'elles y ajoutent compensent à peine l'affaissement naturel de terres humides qui s'égouttent et s'assèchent. Cette simple remarque, applicable à toute la durée de la formation du bri nous conduira à ces conclusions importantes : 1° que la surface du bri dans le marais poitevin représente sensiblement le niveau moyen que la mer y atteignait durant son occupation ; 2° que ce niveau ne différait pas de celui qu'elle atteint de nos jours (1).

(1) Le balancement des marées dans nos ports et sur nos côtes, lors des grandes marées, par un temps calme et une fois par an tout au plus atteint,

Encore une fois nous sommes autorisé par ces constatations à dire que l'hypothèse d'un mouvement oscillatoire de la côte, pour expliquer l'invasion puis le retrait de la mer, est absolument gratuite, et, de plus, en désaccord avec les faits.

Cette hypothèse semble avoir eu pour origine une tentative malheureuse, celle de l'explication de la formation des buttes d'huîtres de Saint-Michel-en-l'Herm par la théorie des soulèvements : la mer, a-t-on dit, aurait autrefois atteint le sommet de ces buttes (douze mètres) (1) et le sol tout entier se serait depuis relevé de cette même quantité.

Un argument du même genre, mais qui paraît plus spécieux, a été invoqué par M. Elisée Reclus.

Voici comment s'exprime à ce sujet le célèbre géographe :

« Il y aurait eu (en dehors des dépôts d'alluvion d'ori-
« gine marine et fluviatile) un véritable soulèvement du
« sol..... Plusieurs anciens îlots, épars au milieu des cam-
« pagnes d'alluvions, portent des traces d'érosion marine
« à un niveau plus élevé que celui de la mer actuelle. »
Les îlots auxquels M. E. Reclus fait ici allusion sont ceux

d'après Fleuriau de Bellevue, une amplitude de sept mètres ; celui des moyennes marées de vives eaux atteint cinq mètres, et celui des marées moyennes de mortes eaux, trois mètres.

Cavoleau (*Statistique de la Vendée*, édition de La Fontenelle, pp. 64 et 223) dit : « Des nivellements ont démontré que le sol des marais du bassin de « la Sèvre en remontant jusqu'à Damvix et même au-delà est presque au « niveau des marées moyennes, et plus bas de un mètre cinquante centi- « mètres ou deux mètres que le niveau des hautes marées des syzygies. « Ainsi pendant plusieurs siècles la mer couvrait nos marais cinq ou six « fois l'an, à chaque nouvelle et pleine lune.

(1) Il résulte des discussions engagées à la suite d'une visite des naturalistes de l'Association française pour l'avancement des sciences (Session de la Rochelle, 1882), discussions auxquelles M. de Quatrefages a pris une large part, que les buttes de Saint-Michel « sont le produit de l'industrie humaine et non celui des forces naturelles ».

Le problème de l'origine des buttes de Saint-Michel et autres dépôts artificiels de coquilles est donc du ressort de l'archéologie et non de la géologie.

de la Dive, de la Dune, de Chaillé-les-Marais, etc., sur les contours desquels apparaissent des falaises à pic, dominant la plaine de bri d'une dizaine de mètres. Mais l'existence seule de ces falaises ne prouve nullement que la mer ait jamais atteint leurs sommets. A Angoulins, Chatelaillon, Fourras, à l'île de Ré, et en mille autres lieux, des falaises verticales dépassent d'au moins dix mètres la hauteur moyenne actuelle des marées qui jamais n'attaquent directement leurs assises les plus élevées. La mer sape la base des falaises, le coup de bélier des lames les excave peu à peu, jusqu'à ce que la partie supérieure en surplomb, corrodée par l'action des embruns, se démantèle à son tour par voie d'éboulement. D'autre part les sables fluviatiles et la terre rougeâtre qui existent sur plusieurs îlots à des altitudes peu considérables eussent certainement été entraînés par les flots si jamais la mer les avait atteints.

Il n'y a donc là qu'une apparence, et non la preuve d'un soulèvement. Une foule d'autres arguments peuvent d'ailleurs être invoqués contre la réalité de ce soulèvement.

On peut se demander, tout d'abord, comment le port de la Rochelle, situé entre deux estuaires, ceux de la Sèvre et de la Charente, creusés et obstrués de la même façon, n'a jamais cessé d'accuser le même niveau des eaux dans son bassin. De plus, si la côte se soulevait graduellement, le niveau du sol dans son voisinage devrait être plus élevé que dans l'intérieur des terres ; or c'est le contraire qui s'observe, et cela résulte naturellement des apports fluviaux et de l'abondante végétation qui ont donné naissance sur la périphérie du marais à une couche tourbeuse de cinquante centimètres à deux mètres d'épaisseur ; de sorte que la surface du marais, bien qu'approchant de l'horizontale, accuse une légère inclinaison vers la mer. — En troisième lieu, ce soulèvement de la côte aurait eu pour résultat immédiat une diminution de pente du lit de la Sèvre ; et comme cette pente n'est que de quatre à cinq mètres à partir de Coulon, il se serait produit un arrêt d'écoulement des eaux, arrêt dont la conséquence eût été la formation d'un lac à l'issue de la Sèvre dans le marais.

Pour toutes ces raisons, nous nous refusons à admettre qu'un mouvement appréciable du sol ait exercé son influence sur la formation et le remplissage du golfe poitevin.

Voici ce qu'a dit sur le colmatage du marais, un des hommes qui ont le mieux étudié cette question, Cavoleau, auteur d'une *Statistique de la Vendée* (édition de La Fontenelle de Vaudoré, 1844, p. 44) :

Ce qui se passe chaque jour sous nos yeux, dans le golfe de l'Aiguillon, a dû me porter à croire que la retraite des eaux qui ont couvert nos marais s'est opérée par une progression lente et insensible. En effet, tous ceux qui savent observer s'aperçoivent, depuis longtemps, que les vases s'accumulent au fond de ce golfe, et principalement sur ses côtes où elles forment sans cesse de nouveaux atterrissements qui élèvent la côte et qui la prolongent, en forçant la mer de reculer. Lorsque le nouveau sol est assez élevé pour n'être plus couvert qu'aux hautes marées des syzygies, si l'on oppose une digue à la mer, des atterrissements nouveaux se forment plus facilement et plus promptement. C'est ainsi qu'on a calculé que la mer abandonne, chaque année, une superficie de trente hectares. Si ce mouvement rétrograde de la mer ne change pas, il faudrait quatre siècles (Cavoleau écrivait en 1818) pour dessécher tout le golfe de l'Aiguillon..... Dans la même proportion, il aurait fallu quatre mille ans pour mettre à sec tout le marais ; mais on sent par combien de causes cette grande opération de la nature a pu être avancée ou retardée.

Puisque cette citation nous amène à parler de la durée approximative du comblement du marais poitevin, nous transcrirons ici le passage suivant emprunté à la *Géographie de la Gaule* de M. E. Desjardins :

Les cartes du XVIe siècle nous permettent, malgré leur exécution imparfaite, de nous rendre compte de l'état de la côte à cette époque. Dans la carte de Jean Jolivet, Luçon est représenté sur le bord de la mer, et le golfe s'avance jusqu'à Marans, qui est aujourd'hui à onze kilomètres du fond de l'anse de l'Aiguillon. Dans la carte spéciale du Poitou, par Pierre Roger, géographe poitevin, conseiller du roi, carte qui porte la date de 1579, Marans est sur l'estuaire de la Sèvre et de la Vendée réunies : le golfe porte le nom de la Béraude. Si nous remontons jusqu'au XIIIe siècle, nous voyons que Maillezais est encore cité comme ancien port dans une charte de 1216. Agnès de Bourgogne donne à l'abbaye de Saintes l'île de Vix, en Poitou, aujourd'hui à vingt-deux kilomètres de la mer.

Ajoutons qu'une bulle du pape Urbain VIII, portant la date du 22 avril 1630, décide le transfèrement à Fontenay-le-Comte du siège épiscopal de Maillezais, cette dernière localité étant rendue très insalubre par le voisinage de *marais infectés par le flux et le reflux quotidiens de la mer*. (Voir le texte de la bulle au tome II (1873), pages 345-351 des *Archives historiques du Poitou*.)

La mer, dans son travail d'atterrissement, a aussi abandonné des sédiments non vaseux. Il existe dans le marais des gisements de sables qui témoignent de la présence de courants assez rapides. Nous n'en avons relevé que deux, mais le nombre en est sans doute plus considérable. A la partie ouest de l'Ile-d'Elle, au pied d'une falaise qui domine la station du chemin de fer, une tranchée d'extraction a mis à nu une couche de un à deux mètres d'épaisseur, atteignant le même niveau que le bri. Cette couche, qui contient d'abondantes coquilles marines, ne paraît pas avoir une grande étendue. Au nord-ouest et à trois kilomètres environ de la même localité se trouve l'importante sablière des Saulaies, exploitée actuellement pour le service des chemins de fer, et reliée à la gare de l'Ile-d'Elle par un tronçon de voie ferrée. Ce banc de sable, qui affleure, comme le précédent, au niveau du bri, atteint une profondeur de plusieurs mètres sur une surface considérable. Le sable est à grains assez gros, entremêlés de nombreux galets du volume du poing ; il renferme une quantité considérable de coquilles fortement roulées appartenant aux mêmes espèces que celles que la vague dépose encore sur les côtes les plus voisines. Parfois des couches de bri alternent avec le gravier, surtout dans les contours du dépôt. Cette sablière menace d'être complètement épuisée sous peu d'années. A la place se trouvera un étang.

Nous avons dit qu'une vaste portion du marais est inférieure de un mètre cinquante à deux mètres au niveau atteint normalement par les marées des syzygies. La conséquence de ce fait est que les alluvions étaient anciennement envahies au moins quatre ou cinq fois l'an par la mer, qui se retirait ensuite lentement. Tous les hivers, aux époques de crues, les eaux de la Sèvre, de l'Autize, du Lay, etc., s'épandaient librement et formaient un vaste cloaque semi-liquide, où le lit des rivières devait être très incertain.

L'été, sur quelques points favorisés, un dessèchement naturel s'opérait, et amenait le développement rapide d'une végétation luxuriante. C'est sans doute la constatation de ce fait, qui, aux approches du treizième siècle, porta les habitants des rivages et des îles à construire des digues et des canaux pour la protection et le dessèchement de ce sol nouvellement créé (1). Henri IV donna une puissante impulsion à ces travaux. Depuis lors, et jusqu'à nos jours, l'homme a déployé pour s'em-

(1) Par charte en date de 1217, Pierre de Volvire, seigneur de Chaillé, permit aux abbés de Saint-Michel, de l'Absie, de Maillezais et de Nieuil de faire creuser un canal pour dessécher les marais du Langon et de Vouillé. Ce canal, qui existe encore, a gardé le nom de canal des Cinq Abbés. Le travail fut exécuté par des moines de l'ordre de Saint-Benoît. (*Statistique de la Vendée*, par Cavoleau, p. 65.)

parer de ce coin de terre, l'assainir, le livrer à la culture, le défendre contre les eaux de la mer et des rivières, une somme inouïe de labeurs. La nature elle-même s'est d'ailleurs faite la complice de l'homme dont elle a favorisé l'œuvre et protégé les efforts. C'est ainsi que l'ancienne ouverture du golfe du Poitou, qui comptait de trente à trente-cinq kilomètres n'en a plus guère que huit. Un cordon littoral formé de dunes de sables s'est développé comme une digue protectrice, depuis Jard jusqu'à la pointe d'Arçais (vingt kilomètres). Ces dunes atteignent parfois dix mètres de hauteur, et sont formées d'un sable excessivement fin ; elles ont une largeur qui varie de cent à mille cinq cents mètres. Entre l'Aiguillon et la pointe de l'Aiguillon, sur la rive gauche du Lay, existe également une série de dunes moins large et moins élevée qui continue en quelque sorte la première chaîne.

Aujourd'hui, le marais est presque entièrement desséché, l'écoulement des eaux douces a été assuré par d'innombrables canaux et par des levées qui les maintiennent dans des limites restreintes ; et les plus hautes marées viennent se heurter contre des digues insubmersibles. Le cabanier, en dépit des soins continuels que réclame ce vaste appareil de préservation, recueille sans inquiétude d'abondantes récoltes dans le sol extraordinairement fertile que son industrie a su lui conquérir.

Est-ce à dire que l'œuvre gigantesque qui a fixé dans des lits réguliers les eaux éparses d'un vaste marécage, tout en livrant à la culture soixante mille hectares d'un sol riche et assaini, soit définitivement à l'abri de tout retour offensif de la mer ? Il serait téméraire de l'affirmer.

A l'heure actuelle, si l'anse de l'Aiguillon se comble, la mer attaque la chaîne des dunes. Près de la pointe du Rocher, en face de Marie-Louise, belle dune surmontée par un bois de jeunes pins maritimes de la plus belle venue, la mer a enlevé, de 1881 à 1884, une largeur de plus de cent mètres de sables. Un peu au nord de la Faute, la dune Vigie est fortement attaquée, et, sur toute la côte, un système de pieux brise-lames et de fascines tend à la protection du cordon littoral. La dune de la rive gauche du Lay, prolongée au-delà de l'embouchure jusqu'à la pointe de l'Aiguillon a dû récemment être protégée par une digue dont les matériaux sont empruntés au petit îlot de la Dive qu'elle menace d'absorber en entier. Le rivage ne paraît donc offrir aucune garantie naturelle de stabilité; ce qui est, d'ailleurs, un fait d'ordre général, la mer remaniant constamment la configuration de ses côtes.

La fixité du sol, dont nous avons tenu à fournir des preuves nombreuses pour la période récente du creusement et du comblement des marais, peut toutefois paraître rassurante, surtout si l'on considère que l'homme veille activement sur sa conquête, et oppose les puissantes ressources de son industrie à la poussée brutale des éléments.

IV.

De l'âge de la Sèvre et des divers dépôts formés dans sa vallée.

Nous avons exposé au début de cette étude que les couches jurassiques adossées aux schistes et au granit de la Gâtine affleurent vers le sud-ouest selon des zônes concentriques qui apparaissent et se succèdent dans l'ordre régulier de leur formation; de telle sorte qu'en descendant du massif montagneux vers la mer on rencontre successivement le lias (sinémurien, liasien, toarcien), l'oolithe inférieure (bajocien et bathonien), l'oolithe moyenne (callovien et oxfordien), puis le corallien qui forme la côte actuelle entre Esnandes et la Rochelle.

Cette disposition démontre que les terrains jurassiques de la région n'ont pas émergé d'un seul bloc et par suite d'une seule commotion, mais que cette émersion s'est opérée lentement et progressivement, comme si le massif du Bocage s'était, dans son ensemble, soulevé d'une façon continue en repoussant la côte marine toujours plus loin de son axe de soulèvement.

En outre, ces terrains ne contiennent (à part le bri) aucune formation marine postérieure au terrain corallien ; on en doit conclure que la plaine qu'ils formaient est demeurée au-dessus du niveau des mers pendant l'immense étendue des époques crétacées, tertiaires et quaternaires.

Les eaux pluviales qui, dès le milieu de la période jurassique, circulaient en larges nappes sur cette plaine non encore fracturée et dénivelée, ont certainement opéré de vastes ablations de terrains dont il ne paraît pas possible aujourd'hui d'apprécier l'importance ni de relever exactement les traces ; mais il résulte de l'étude détaillée à laquelle nous venons de nous livrer que la Sèvre n'a pu couler dans son lit actuel qu'à partir de l'époque où se sont produites les dépressions et les failles qui ont déterminé le lieu et la direction de son écoulement.

Selon toute probabilité, il faut placer cette époque vers la fin de la période crétacée, ou plutôt dans le commencement des âges tertiaires. Les dépôts faluniens d'eau douce du lac Vauclair prouvent à la fois que la dépression où ils se sont formés est antérieure au milieu de l'époque tertiaire, et que le couloir par où se sont évacuées les eaux de ce lac est immédiatement postérieur à cette même époque.

A partir de Sainte-Néomaye surtout, et jusqu'à Coulon, on constate, sur les berges de la vallée, de nombreux dépôts de sables que la Sèvre, coulant périodiquement à pleins bords pendant la plus grande partie de l'époque quaternaire ou diluvienne, a laissés comme des témoins de son ancienne importance. L'étude des restes d'animaux enfouis et conservés dans ces sables, combinée avec celle des outils fabriqués par l'homme et qu'on a rencontrés dans la vallée ou sur les plateaux voisins, va nous permettre de dater quelques-uns des dépôts alluviaux, et de reconstituer dans une certaine mesure l'histoire de notre fleuve et des premiers habitants de la région durant ces âges lointains.

Les matériaux qui peuvent dès à présent être utilisés sont fort rares, et il est à désirer que des recherches ultérieures en procurent de plus nombreux ou de plus probants qui permettront d'éclairer plusieurs points obscurs et de combler les lacunes inévitables du présent travail.

Sur tout le fond plat de la vallée moyenne, au niveau même où les eaux reposent sur la roche vive, on trouve une couche de graviers dont l'épaisseur varie de un à deux mètres. Ces graviers sont formés de galets de grosseur variable, parmi lesquels on voit les représentants de toutes les roches que la rivière et ses affluents ont corrodés dans leur cours : granit, gneiss, schistes, amphibolites ou diorites, silex, nodules calcaires très résistants, empruntés surtout au lias (1). Dans la puissante ablation opérée par les eaux se créant des voies d'écoulement, les débris des calcaires tendres et les argiles ont été broyés et entraînés au loin ; il n'est demeuré que les fragments de roches à structure compacte, formés d'éléments capables de résister à l'action de chocs violents et répétés. Ces matériaux détritiques, fréquemment roulés et remaniés, ont perdu leurs saillies anguleuses, mais ils n'ont atteint que très rarement le degré de sphéricité et de polissage des galets ballottés par la mer ;

(1) Les sablières de Coulon renferment des silex tertiaires provenant de Saint-Maixent, des quartzites lie de vin, provenant des rochers de la Chaise, près de Champdeniers, de nombreux spécimens isolés et fortement roulés de *belemnites niger* du lias moyen, etc.

si bien qu'à simple vue on peut ordinairement les en distinguer.

La couche de galets occupe le fond de la vallée, excepté en deux points, à Ribray et à Coulon où, pour une cause que nous essayerons plus loin d'expliquer, elle est située trois à quatre mètres plus haut que le niveau moyen des eaux actuelles et a perdu le contact des graviers d'origine plus récente qui tapissent le lit de la rivière. Sur un autre point, entre le village du Pairé et la fontaine de Fonlabu (commune de Breloux) la couche des galets dépasse légèrement le niveau supérieur des eaux ; mais, selon toute probabilité, il n'y a pas solution de continuité entre les galets visibles et ceux du fond ; et tous appartiennent à une couche unique dont l'épaisseur est considérablement accrue en cet endroit.

Au-dessus de cette couche de galets en partie siliceux, les dépôts des berges de la Sèvre sont constitués principalement par un sable calcaire jaunâtre, à grains nettement anguleux.

Ce sable provient de la désagrégation des couches bajociennes et bathoniennes dont on y retrouve les fossiles.

Les sablières voisines de Niort (butte de Saint-Hubert, Fief-Robert, vallée sèche de Bouillounouse près de la route de Limoges) offrent une particularité intéressante : le sable calcaire y est séparé de la zône inférieure des galets (1) par une couche rougeâtre, épaisse d'environ deux mètres, formée de sédiments siliceux très fins ne faisant aucune effervescence avec les acides et donnant comme résidu de lavage de petites oolithes ferrugineuses complètement oxydées, mélangées de menus fragments de quartz laiteux. Il existe sans doute une solidarité très étroite entre le dépôt de cette couche et la formation des

(1) Cette zône ne se rencontre que dans les sablières de la vallée de la Sèvre.

limons rougeâtres qui surmontent les plateaux calcaires du bassin de la Sèvre ; mais nous devons nous borner à indiquer ici ce rapprochement, l'origine des limons rouges constituant elle-même un problème difficile et non encore résolu.

Ceci dit, examinons ce qu'il est possible d'attribuer dans notre vallée, à chacun des âges compris dans la période quaternaire. Pour atteindre ce but, nous suivrons la classification de M. de Mortillet. Dans cette classification l'époque quaternaire est divisée en quatre âges : le chelléen, le moustérien, le solutréen et le magdalénien ; puis viennent les temps actuels commençant par le robenhausien.

1° Période chelléenne. D'après M. de Mortillet la période chelléenne est caractérisée par un climat chaud et uniforme ; l'homme habite les plateaux ; il n'a qu'un seul genre d'outil en silex taillé grossièrement des deux côtés, la hache amygdaloïde ou coup de poing. L'*elephas antiquus* et le *rhinoceros merkii* sont les représentants les plus caractéristiques de la faune chelléenne.

Par quoi cet âge est-il représenté dans le bassin de la Sèvre ? Aucune de nos alluvions n'a encore fourni de restes d'*elephas antiquus* non plus que de *rhinoceros merkii*. L'homme y existait toutefois et habitait les hauteurs. De nombreux silex chelléens ont été trouvés par M. Arnaud, à Germond, sur le plateau qui domine la rive gauche de l'Egray, et à Cherveux où M. Brunet les a recueillis sur le plateau qui domine la rive droite du Raguier. Nous en avons nous-même trouvé, mais plus petits et moins nombreux, près de Saint-Maixent, dans la plaine qui borde le Gueure en face de Saivre, et dans la plaine du Fief, commune de François. Ils paraissent rares dans le canton de la Mothe Saint-Héray, où M. Souché n'a recueilli qu'un petit nombre d'exemplaires aux environs de Loubigné.

Un outil chelléen a été trouvé à Niort en creusant une citerne dans un terrain bordant à droite la route de Coulonges; il fut remis au général de Nansouty, qui le donna à la Société de statistique en 1866. Ce magnifique échantillon a été rencontré, au dire des ouvriers, dans la couche de terre rouge, fort peu au-dessus des galets. Si cet objet était réellement contemporain de la couche où on l'a recueilli, il est si nettement caractérisé qu'il suffirait pour la dater d'une façon certaine; mais on doit, croyons-nous, attribuer à l'époque moustérienne la couche inférieure de galets. Il serait alors inadmissible qu'un outil de silex chelléen fût à sa place primordiale au-dessus d'une couche moustérienne. Il y a lieu de croire que cette pièce a été, ainsi qu'un certain nombre de silex non taillés et qui figurent au même niveau, entraînée par une cause quelconque hors de son premier gisement et déposée parmi les alluvions d'argile sableuse rouge.

PÉRIODE MOUSTÉRIENNE. — Les caractères de cette période sont les suivants: climat froid et humide; l'homme emploie plusieurs outils, pointes et lames de silex retouchées d'un côté seulement. — Cheval abondant, différents cerfs, différents bœufs, ours et hyène des cavernes, marmotte, mammouth *(elephas primigenius)*, *rhinoceros tichorhinus*.

Les sablières de Ribray, ouvertes au sud-ouest de Niort dans un dépôt dont nous avons fait mention plus haut, ont fourni deux molaires d'*elephas primigenius* et divers ossements de *rhinoceros tichorhinus*. Ces deux espèces associées suffisent à classer le dépôt de Ribray dans la période moustérienne. Nous y rangeons également les sables de Coulon, qui n'ont cependant fourni jusqu'ici que des ossements de chevaux. Et comme la couche de graviers qui se trouve à la base de la vallée entre Saint-Maixent et Niort offre avec les sables de Coulon et de Ribray la plus grande analogie de composition minéralogique, notre avis est qu'elle provient comme celle-ci des fragments déjà roulés pendant la période chelléenne, mêlés aux galets arrachés postérieurement aux mêmes roches, et que les derniers remaniements qui ont amené son dépôt sur le fond actuel datent de l'époque moustérienne. Elle a d'ailleurs donné comme les deux autres des dents et des os de chevaux; et nous espérons que la découverte d'espèces plus caractéristiques viendra confirmer l'assimilation que nous venons d'indiquer.

Aucun instrument de silex moustérien n'a été jusqu'ici rencontré en place dans les graviers, mais un certain nombre de pointes et de lames ont été recueillies un peu partout, sur les mêmes plateaux qui recèlent des traces de la période précédente. M. Arnaud a trouvé à Germond les instruments moustériens mêlés aux chelléens; les deux types y sont à peu près également représentés. Notre collection personnelle renferme des silex moustériens provenant de la Chapelle-Bâton, le Busseau, Breloux, François et Nanteuil.

Dans un bassin contigu à celui de la Sèvre, à Loubeau, près de Melle, une grotte a fourni des restes d'animaux de l'époque moustérienne. Fouillée en 1867 et 1868 par les soins de M. Babert de Juillé, elle a donné une riche série d'ossements que M. P. Gervais a déterminés. Ces fossiles appartiennent aux espèces suivantes : *cervus canadensis* ou *strongyloceros, hyæna spelæa,* grand lion des cavernes ou *felis spelæa,* castor, sanglier, bœufs *(urus* ou *aurochs),* chevaux. L'ensemble de cette faune est nettement moustérien. Il n'a pas été trouvé d'outils de silex dans la grotte de Loubeau, habitée exclusivement par des fauves dont les restes y sont associés avec ceux des animaux qui formaient leur proie habituelle.

PÉRIODES SOLUTRÉENNE ET MAGDALÉNIENNE. — La première de ces périodes est caractérisée par des pointes en silex finement retouchées des deux côtés, la seconde par des outils fabriqués surtout en os; la première est très riche en chevaux, la seconde est par excellence l'époque du renne. L'homme habite des abris sous roche, puis des grottes.

Il faut évidemment attribuer à ces deux périodes toute la série des sables calcaires surmontant la couche moustérienne de galets sur les berges de la Sèvre moyenne ; on y a, en effet, rencontré force débris de chevaux, de bœufs, de cerfs (sablières de Breloux, de Niort, de Souché, de Sainte-Pezenne, etc.) ; mais aucun reste de renne n'y a été découvert (1). Mais bien qu'on n'ait pas encore trouvé d'instruments *de silex ou d'os appartenant à ces deux époques*, il serait téméraire, à tout le moins prématuré, d'affirmer, sur cette simple constatation négative, que *l'homme avait alors déserté nos régions*. Une découverte ultérieure pourrait infliger un démenti à une assertion trop hâtive. Ce qui paraît certain, c'est qu'alors la vallée de la Sèvre n'était guère habitable : en effet, les couches calcaires des sablières de Saint-Hubert (Niort et Sainte-Pezenne), qui, d'après leur faune et leur position, appartiennent aux périodes solutréenne et magdalénienne, atteignent une élévation de douze à quinze mètres au-dessus du niveau actuel de la rivière ; et comme le dépôt des sables sur les berges ne s'effectue pas à fleur d'eau, mais à une certaine profondeur, les eaux y atteignaient au moment des crues une épaisseur de vingt mètres au moins, et il en était de même fort loin en amont. C'est donc seulement au-dessus de cette zône que l'homme pouvait établir sa demeure en toute sécurité.

On rencontre quelquefois dans la vallée moyenne de la Sèvre (2), sur les flancs des coteaux calcaires, de forts blocs de quartz blanc, anguleux, ne présentant pas de traces sensibles de polissage. Dans les sablières de Coulon, nous avons également trouvé, reposant à la surface des

----

(1) Ce dernier fait est d'ailleurs général. Le renne, commun dans les cavernes habitées par l'homme, est extrêmement rare dans les alluvions.

(2) Notamment au Pairé, commune de Breloux, à Ruffigny, commune de Chavagné, etc.

graviers, un fragment assez volumineux de roche granitique, à arêtes vives. Il n'est pas admissible que ces blocs aient été roulés par la rivière; on ne peut non plus prétendre que les glaciers aient étendu leur action sur notre région; mais il paraît rationnel d'admettre qu'à l'époque de la plus grande extension des phénomènes glaciaires nos rivières aient pu être fortement prises par les glaces. Ce seraient ces glaces qui, lors de la débâcle, auraient charrié des blocs éboulés à leur surface ou enchâssés dans leurs parois, et les auraient, en se fondant, déposé sur leur passage, au-dessus de terrains de nature souvent très différente de la leur.

PÉRIODE ACTUELLE. — Avec la fin des âges quaternaires la Sèvre cessa de rouler d'énormes masses d'eau comparables à celles de nos grands fleuves. Elle devint ce qu'elle est encore aujourd'hui, une modeste rivière ne creusant plus son lit, n'ensablant plus ses berges, opérant à peine sur ses bords, dans une ou deux crues d'hiver, un léger colmatage de fin limon. L'homme rhobenhausien, l'homme de la hache polie et des dolmens, ne craignit plus de fréquenter la vallée et d'y établir sa demeure et ses tombeaux. Les dolmens d'Amuré, construits à une altitude d'environ dix mètres, dominent de quatre ou cinq mètres seulement le sol des marais; ce qui prouve que dès l'époque de leur établissement le niveau de nos eaux était descendu au point où il s'est sensiblement maintenu depuis lors.

Nous ne reviendrons pas sur ce qui a été exposé plus haut touchant le creusement et le comblement du marais par l'action de la mer; mais nous essayerons d'assigner une date à ce double phénomène.

La façon particulière dont la Sèvre a creusé son lit entre Niort et Coulon nous fournira sur ce sujet de précieux renseignements. Jusqu'à Niort, en effet, nous voyons le dépôt de galets chelléo-moustérien occuper la partie inférieure de la vallée; de Niort à Coulon il n'en est plus ainsi, cette même couche de galets étant située sur les flancs du coteau sept à huit mètres plus haut que le fond de la rivière. La Sèvre qui, en amont de Niort, avait cessé dès l'époque moustérienne d'approfondir son lit, a donc, au contraire, continué de le creuser entre Niort et Coulon.

Nous allons confirmer par une autre preuve ce fait important. — Le bras de la Sèvre qui contournait au nord et à l'ouest l'île de Saint-Hubert, a laissé à Fief-Robert, et au-dessus de Telouse des dépôts de sable analogues par la nature des graviers et les restes fossiles aux couches calcaires solutréennes et magdaléniennes de Saint-Hubert. Ce courant secondaire a donc persisté, du moins périodiquement, jusque vers la fin du quaternaire. Or le lit desséché va confluer à Telouse, non pas au niveau du lit actuel de la Sèvre, mais en formant un seuil bien caractérisé dont le niveau correspond assez exactement à celui des dépôts moustériens de Ribray. Ce seuil n'existait donc pas à l'époque moustérienne, et c'est seulement à partir d'une époque plus rapprochée de nous que le lit de la Sèvre s'est abaissé en cet endroit.

Si l'on se demande maintenant pourquoi le fleuve, en état d'équilibre au-dessus de Niort, a continué de creuser son lit en aval, on devra forcément recourir à une cause qui n'agissait que dans cette partie de la vallée. Cette cause, nous croyons la trouver dans les effets de la marée qui, alors que la mer était voisine de Coulon, devaient se faire sentir jusqu'à Niort; et nulle cause ne pouvait être plus efficace pour continuer l'érosion des roches et travailler à l'approfondissement du lit. Cette oscillation périodique et fréquente des eaux du fleuve aux approches du golfe où il débouchait, non seulement a élargi et creusé sa vallée, mais encore elle a dû produire les ablations considérables qui circonscrivent l'île de Magné et forment les anses marécageuses de Bessines et de Saint-Gerges-de-Rex. La même action s'est fait sentir au nord et à l'est de l'île de Maillezais, par suite du balancement alternatif des ceux de l'Autize avec celles de la mer ; et il serait facile d'en retrouver également la trace aux lieux où débouchaient anciennement le Mignon, la Vendée, le ruisseau d'Aigrefeuille. A l'embouchure ancienne du Lay, cette action corrosive s'est continuée bien plus longtemps, aussi les effets en sont-ils très considérables.

C'est donc pendant la dernière portion des âges quaternaires que la mer acheva de creuser le golfe poitevin ; et c'est vers la fin de cet âge que commença son mouvement de recul. Ce mouvement est le résultat mécanique du dépôt de bri. Nous nous sommes déjà longuement étendu sur cette formation qui, d'ailleurs, se continue à l'heure actuelle, et nous n'y revenons que pour essayer de fixer la date des premiers atterrissements.

A notre connaissance, il n'existe que deux documents qui puissent jeter quelque lumière sur cette question de chronologie. Ces documents sont : 1° une hache en diorite polie, trouvée par M. Valadon sous cinquante centimètres de bri, lors de l'établissement du pont de la Chaume d'Irleau, commune du Vanneau ; 2° une portion de squelette de *bos primigenius*, trouvée à Arçais, sous un mètre de bri, par feu M. Ducrocq, et qui fait partie des collections de notre musée.

Le *bos primigenius* est assez peu caractéristique, puisque sa souche remonte à l'époque moustérienne, et que les bœufs actuels sont ses descendants. Le squelette d'Arçais est incomplet : l'animal n'a donc pas dû périr à cette place ; mais, charrié par les eaux de la Sèvre, il s'est putréfié, et a laissé se détacher en route les parties dont l'ossature est absente ; puis il a échoué sur le fond vaseux du golfe, assez avant en mer, puisqu'il a été recouvert ensuite d'une couche d'un mètre de sédiments.

La présence d'une hache polie sous une mince couche de bri est plus démonstrative : elle prouve à la fois que la mer était à Irleau à l'époque robenhausienne, et qu'elle s'en retira fort peu de temps après la perte de cette hache.

Dans tous les abords du marais, au-dessus des alluvions d'eau douce, puis sur le bri, se trouve une couche de tourbe atteignant parfois jusqu'à deux mètres, mais dont l'épaisseur moyenne est d'environ soixante-quinze centimètres. Cette tourbe recèle, outre quelques sédiments vaseux apportés par les eaux des rivières, des coquilles nombreuses de mollusques d'eau douce (lymnées, planorbes, physes, paludines, anodontes, mulettes) et de quelques espèces terrestres (hélix, cyclostomes). Elle est assez combustible, et elle donnait lieu, naguère encore, à plusieurs exploitations; des feux de bergers y ont parfois allumé des incendies d'une extinction difficile (1).

Cette tourbe n'a pu se former avant que les eaux eussent cessé d'atteindre les niveaux élevés de la période quaternaire. Ses commencements sont contemporains de ceux du bri et correspondent à l'époque où les eaux courantes prirent l'allure et le débit que nous leur connaissons aujourd'hui. Son mode de formation n'est pas en tout semblable à celui des tourbes les plus pures, dues exclusivement à une végétation constamment imprégnée d'eau claire et froide; son origine est intermédiaire entre celle des terres de bruyère et celle des tourbes pures. Elle résulte de la lente accumulation des racines fibreuses non décomposées des *carex*, des *cladium*, des *juncus*, des *scirpus*, des *phragmites*, etc., mêlées aux débris de leurs frondaisons annuelles, dont la végétation exubérante formait les *roselières* et les *marais à rouches*. Toute cette dépouille jonchait le sol de débris qui séjournaient pendant l'hiver sous une couche d'eau amenée par les crues, et c'est en été seulement que la décomposition commençait

(1) Le 15 août 1864, dans le marais de Mazin, entre Saint-Hilaire-la-Palud et Cram-Chaban, deux enfants ayant allumé un feu de joie pour la fête de l'Empereur, ce feu atteignit des roseaux et des herbes sèches, puis gagna la couche de tourbe. L'incendie s'étendit sur une surface d'environ cent hectares; on essaya vainement de l'arrêter au moyen de tranchées. Ce n'est qu'après deux mois et demi, à la crue d'automne, que l'incendie s'éteignit complètement.

sans jamais s'achever complètement. Les dessèchements et la culture ont seuls mis fin à l'extension de la couche de tourbe.

Il nous reste encore à étudier une série de dépôts peu considérables de travertin ou tuf calcaire, dont quelques-uns continuent de s'accroître de nos jours. Ils sont situés entre Saint-Maixent et Sainte-Néomaye, sur les deux rives de la Sèvre, aux endroits où le lit creusé dans les schistes est dominé de vingt à trente mètres par la couche aquifère. Cette couche déverse le trop-plein de ses eaux par des points très nombreux de son affleurement (Epron, la Place, la Corbellière, etc.). L'été, ce sont de simples suintements ; l'hiver, les eaux ruissellent en nappes sur les pentes : circonstances éminemment favorables au dépôt du calcaire dissous par les eaux. Les couches supérieures de ce tuf, arénacées et très poreuses, ont seules été entamées par quelques exploitations de moellons ; elles renferment d'abondantes empreintes de feuilles de noyer, d'orme, de coudrier, et empâtent des coquilles des espèces mêmes qui vivent dans le voisinage.

Nous voici arrivé au terme de cette étude, longue malgré trop de lacunes. Notre but serait atteint si nous avions réussi à reconstituer, au moins dans ses traits saillants, un des plus intéressants épisodes de la formation de notre terre de Poitou.

Niort, le 2 novembre 1886.

H. GELIN.